Este livro é uma brisa de ar fresco, não por ser pessoal (o que, de fato, é) ou prático (o que também é), mas por ser profundamente bíblico. Achamos que o conselho de Gloria, saturado das Escrituras, é eminentemente realista e profundamente encorajador. Sua perspicácia e sabedoria serão benéficas para o pastor e benéficas para a esposa do pastor, o que é uma boa notícia para aqueles que estão no ministério e para a igreja.

Kevin e Trisha DeYoung, Pastor na *Christ Covenant Church*, em Matthews, Carolina do Norte.

O livro *A Esposa do Pastor* é profundo nas trincheiras da obra do evangelho. Precisamos de verdades bíblicas que nos satisfaçam quando estivermos lá e que nos ajudem a perseverar com alegria. Gloria Furman nos oferece um recurso valioso, saturado do evangelho, atraindo o nosso olhar para além de qualquer função prescrita e dirigindo-nos para aquele que realmente faz a obra.

Christine Hoover, autora do livro *The Church Planting Wife*

Este livro me lembrou de que quando estou exausta, a força de Cristo me sustém; quando sou tentada a desmoronar diante das expectativas, sou livre para amar e agradar a Cristo acima de tudo. Se você for esposa de um pastor, esposa de um militar ou esposa de um varredor de calçadas, este livro a encorajará a perscrutar as riquezas da graça de Deus, em Cristo, para você.

Kristie Anyabwile, esposa de Thabiti Anyabwile, Pastor Auxiliar de Plantação de Igrejas, *Capitol Hill Baptist Church*, Washington, DC; discipuladora de mulheres

Não se engane: o seu papel como esposa de pastor é essencial. Gloria lembra a todas nós, em primeiro lugar, de beber profundamente da água viva de Jesus, à medida que nos esforçamos para cumprir, com humildade, o nosso chamado para amar o nosso marido e o corpo de Cristo, para quem fomos chamadas.

Jennifer Carter, esposa de Matt Carter, Pastor *na Austin Stone Community Church*, Austin, Texas.

Gloria Furman deu à Igreja um presente muito necessário ao tratar de um grupo que é geralmente negligenciado — as esposas de pastores. Com o poder do evangelho, a clareza das Escrituras e uma percepção pessoal, Gloria ajuda as esposas de pastores a se aproximarem primeiramente de Jesus como sua maior necessidade e satisfação, e depois a amarem e a apoiarem seu marido e, finalmente, a encontrarem um lugar saudável na igreja local.

Joe e Jen Thorn, autor dos livros *Experiencing the Trinity* e *Note to Self*; Pastor, *Redeemer Fellowship*, St. Charles, Illinois; e sua esposa Jen, blogueira, *jenthorn.com*.

A esposa do pastor tem uma responsabilidade incomum. Embora a Bíblia seja completamente silenciosa acerca de seu papel, as igrejas tendem a sobrecarregá-las com uma expectativa injusta e irrealista. Gloria Furman nos traz percepção, bem como esperança, mostrando através da Bíblia aquilo que Deus espera e não espera dela. E por olhar constantemente para a Bíblia, este é um livro que transcende o tempo e a cultura. É com alegria que eu recomendo este livro para pastores, esposas de pastores e suas igrejas.

Tim Challies, autor do livro *The Next Story*; blogueiro, *Challies.com*.

As esposas de ministros levam uma vida única, com um conjunto único de desafios. Gloria faz um belo trabalho ao nos lembrar de que a nossa identidade está em Cristo e no seu sangue redentor, e não na forma como servimos ou no quanto fazemos por Cristo. Senti-me encorajada e estimulada em minha caminhada com o Senhor, a olhar para cima, para Cristo, e não para as minhas circunstâncias externas. Este é um livro muito útil para as esposas de pastores em qualquer lugar e em qualquer fase da vida.

Heather Platt, esposa de David Platt, Presidente do *International Mission Board*; autor do livro *Radical*.

Gloria Furman oferece conselhos práticos e piedosos para aquelas que já estão servindo como esposa de pastor, bem como para aquelas que estão apenas começando a servir. Muitas esposas de pastores sentem a pressão para ser alguém que elas não são, desejando ser apreciadas por todos ou lutando com o malabarismo entre a vida familiar e o serviço. Gloria nos atrai para as Escrituras e nos leva de volta ao primeiro amor. O livro *A Esposa do Pastor* irá ajudá-la a evitar as armadilhas, além de inspirá-la a ficar perto de Jesus e a encontrar sua força nele. Ele me lembrou de tudo o que valorizo em relação a ser esposa de um pastor.

Carrie Vibert, esposa de Simon Vibert, Diretor em *The School of Preaching*, Wycliffe Hall, Oxford.

A ESPOSA DO PASTOR

FORTALECIDA PELA GRAÇA PARA UMA VIDA DE AMOR

GLORIA FURMAN

FIEL
Editora

Dados Internacionais de Catalogação na Publicação (CIP)
(eDOC BRASIL, Belo Horizonte/MG)

F986e Furman, Gloria C., 1980-
A esposa do pastor: fortalecida pela graça para uma vida de amor / Gloria C. Furman; tradução Waléria Coicev. – São José dos Campos, SP: Fiel, 2022.
260 p. : 14 x 21 cm

Título original: The Pastor's Wife: Strengthened by Grace for a Life of Love
ISBN 978-65-5723-181-4

1. Cônjuges de pastores. 2. Esposas – Vida religiosa. I. Título.
CDD 253

Elaborado por Maurício Amormino Júnior – CRB6/2422

A Esposa do Pastor:
Fortalecida pela Graça para uma Vida de Amor

Traduzido do original em inglês
The Pastor's Wife: Strengthened by Grace for a Life of Love

Copyright ©2015 por Gloria C. Furman

■

Publicado por Crossway Books,
Um ministério de publicações de
Good News Publishers
1300 Crescent Street
Wheaton, Illinois 60187, USA.

Copyright © 2015 Editora Fiel
Primeira Edição em Português: 2016
Segunda Edição em Português: 2022

Todos os direitos em língua portuguesa reservados por Editora Fiel da Missão Evangélica Literária
PROIBIDA A REPRODUÇÃO DESTE LIVRO POR QUAISQUER MEIOS, SEM A PERMISSÃO ESCRITA DOS EDITORES, SALVO EM BREVES CITAÇÕES, COM INDICAÇÃO DA FONTE.

Diretor: Tiago J. Santos Filho
Editora: Renata do Espírito Santo T. Cavalcanti
Coordenação Gráfica: Gisele Lemes
Tradução: Waléria Coicev
Revisão: Lia Silva Gomes
Diagramação: Rubner Durais
Capa: Rubner Durais
ISBN impresso: 978-65-5723-181-4
ISBN e-book: 978-65-5723-182-1

Caixa Postal, 1601
CEP 12230-971
São José dos Campos-SP
PABX.: (12) 3919-9999
www.editorafiel.com.br

Para Carolyn Wellons, que compartilha gratuitamente décadas de sabedoria forjada pela graça com centenas de esposas de pastores, dirigindo-as para o amor infinito de nosso Supremo Pastor.

Sumário

Prefácio 11

Agradecimentos 17

Introdução 21

Parte 1 — Amando o Supremo Pastor

1 "Mas Você é a Esposa do Pastor" 29

2 Sobre Herdar um Reino de Ídolos e Expectativas 45

3 Permaneça Perto de seu Pastor, Ovelhinha 59

Parte 2 — Amando o seu Marido Pastor

4 Sobre Fazer-lhe Bem (e não Mal) 73

5 Apoiando o Bispo 87

6 Então Você se Casou com o Homem que Casa Pessoas ... 103

Parte 3 — Amando a Noiva de Cristo

7 O que é a Igreja, afinal? 115

8 Dotada para Dar Aquilo que Deus Deu 127

9 Descobrindo nossas Fraquezas e a
   Força Suficiente de Cristo para o Serviço 139

Conclusão: Eis aí o Noivo! 153

Prefácio

Você precisa saber que eu estou escrevendo um livro para as esposas de pastores, não na posição de "eu sei bem o que é isso" após décadas de um serviço fiel. Eu não estou em pé no final da estrada, olhando para trás. Estou, na verdade, no meio disso tudo. Meu marido e eu nos casamos três semanas após ele começar o seminário e, desde então, estamos juntos no ministério de tempo integral. Isso foi há treze anos. Portanto, este não é um livro de memórias, no qual ofereço minha sabedoria pessoal. Eu não sou tão experiente assim. O que eu realmente tenho e espero poder compartilhar com você é algo muito melhor. Isto é, que somente o sangue de Jesus é toda a nossa esperança e paz, pois necessitamos da graça de Deus para perseverar no ministério.

Estou terminando este rascunho após dois meses de um ministério turbulento, que tem sido permeado por vales e picos. Tivemos o nosso culto anual de Páscoa no alvorecer da costa do Golfo Pérsico, e meu coração disparou enquanto víamos o sol nascer sobre a nossa cidade. Cantamos a respeito de nosso Salvador ressurreto que venceu. Naquele mar, nós batizamos dez pessoas de cinco países diferentes, sabendo que do outro lado dessa massa de água, temos irmãos e irmãs que estão na prisão e sofrendo por causa de sua fé.

No dia seguinte, fui ao supermercado onde vários dos nossos amigos trabalham como caixas. As mulheres estavam angustiadas enquanto me diziam que minha amiga nepalesa, Sumita, tinha literalmente caído morta na frente delas na noite anterior, tendo convulsões e vomitando sangue. Ela tinha vinte anos e morreu separada de Cristo. Abalada, atravessei a rua com minhas compras, e meu filho de idade pré-escolar me perguntava repetidamente: "Sumita está com Jesus? Onde ela está?". Mais tarde naquela semana, veio à tona que alguns falsos ensinos vêm ameaçando a fé de alguns dos membros de nossa igreja, e os presbíteros gastaram muitas noites conversando até tarde e orando sobre o que fazer. Na semana seguinte, descobrimos que uma menina do primeiro ano, que conhecíamos, estava assistindo à pornografia na internet e falando com seus colegas na escola sobre o que ela havia descoberto. Em seguida, recebemos a notícia de que três médicos que haviam adorado junto conosco na sexta-feira santa tinham sido baleados e mortos em um país vizinho, martirizados por sua fé em Cristo e pelas boas obras que fizeram em seu nome.

Prefácio

Uma semana antes, eles haviam adorado ao Cordeiro pela fé e agora eles o viam face a face. A semana seguinte trouxe a notícia de que outro amigo do supermercado havia morrido de repente, sem Cristo. Pouco tempo depois, meu marido e eu aconselhamos um casal do ministério que estava com o coração partido, sofrendo, porque ela fora estuprada e extorquida por dinheiro. Para a maioria, esse tipo de aconselhamento pode parecer algo raro no ministério, mas, infelizmente, para alguns pastores, é comum. A disseminação do nosso pecado pode até mesmo aprofundar as feridas daquelas que são casadas com homens que estão no ministério.[1] Quem, porém, é suficiente para estas coisas? (2 Co 2.16)?

Você pode ler alguns relatos cômicos neste livro, mas eu lhe garanto, não acredito que o ministério da Palavra, por meio do Espírito, seja uma piada. Minha intenção aqui é ajudar a elevar o seu olhar para ver a natureza sobrenatural daquilo que estamos fazendo à medida que servimos ao lado de nosso marido no ministério. Precisamos de coragem, força, fidelidade, humildade e alegria. Precisamos ver Cristo como o nosso suficiente Salvador. Precisamos de uma fé como a de uma criança para servir no ministério ao lado de nosso marido – fé que Deus tem prazer em nos dar. A vida de Cristo em nós é nossa capacitação, equipando-nos e desencadeando energia para a santidade pessoal e para o serviço no reino de Deus. É a força dele que nos dá aquilo de

---

1 Prezada leitora, não sou tão ingênua a ponto de pensar que cada esposa de ministro que lê este livro seja casada com um homem que teme ao Senhor e adota uma liderança servil, semelhante à de Cristo, como seu modelo de marido. Sou muito sensível à realidade da violência doméstica, mesmo nos casamentos em que as pessoas estão servindo em um ministério. Se você está vivenciando uma situação na qual experimenta abuso de qualquer natureza (física, sexual, verbal, espiritual, psicológica ou emocional), recomendo que você procure a ajuda de autoridades confiáveis, líderes da igreja de confiança, membros da família ou amigos íntimos em sua vida. Com certeza, você conhece pessoas dignas de confiança que poderão apoiá-la.

que precisamos, a fim de nutrirmos a vida diante da morte e através de um milhão de mortes do "eu" a cada dia. Precisamos lembrar que mesmo os pequenos frutos, do tamanho de uma amora, produzidos pelo Espírito Santo, por meio do povo de Cristo, são parte integrante do seu reino, onde sua vontade é feita. Nossa âncora deve ser lançada em Cristo, e nosso fundamento deve ser a sua Palavra, porque não há um modo de podermos amar o nosso Supremo Pastor, e o pastor com quem estamos casadas, e a noiva à qual fomos unidas (o povo de Cristo, a igreja), a menos que tenhamos visto primeiramente como Jesus nos ama e nos dá tudo aquilo de que precisamos para a vida e para santidade. Aprendemos do amor de Cristo, acima de tudo, na autoridade suficiente da Palavra compreensível de Deus, e é por isso que o texto bíblico é o nosso foco.

Não há como um coração finito conseguir controlar todas as coisas que enfrentamos na vida e no ministério, mas Cristo consegue, ele o faz e o fará. As expectativas em relação à esposa do pastor giram em torno de nós. A alegria disponível para nós é resplandecente e está em todo lugar. As necessidades nos pressionam por todos os lados. A aflição e o horror que experimentamos por causa do nosso pecado são terríveis e abundantes. Você está sobrecarregada não só por causa das necessidades dos outros em sua igreja, mas também por suas próprias necessidades? Desejo lhe mostrar, neste livro, que Jesus levará esses fardos também (Is 40.11; 41.10).

Não importa quantos anos você tenha ou por quanto tempo esteja casada ou servindo no ministério, acho que todas nós podemos concordar humildemente que temos uma necessidade de perseverança para viver uma vida voltada para o reino, neste lugar sombrio e decaído (Hb 10.36). A perseverança que buscamos não é um trabalho penoso e severo, mas uma contente dependência em Jesus, para uma vida de amor, fortalecida pela graça. É isso que eu espero que você encontre nas páginas deste pequeno livro.

Agradecimentos

A geometria é mais bem feita em comunidade. Sim, geometria. Mas este não é um livro sobre o evangelho, a igreja e sobre ser casada com um homem que trabalha no ministério? Com certeza. Paulo orou para que, "com todos os santos", nós pudéssemos ter forças para compreender qual é a largura, e o comprimento, e a altura, e a profundidade do amor de Cristo (Ef 3.17-18). Precisamos uns dos outros, a fim de termos força para manter o foco e habitar profundamente nesse tipo de "geometria". Sou uma recebedora indigna da graça dessa comunidade.

Sou grata pelas várias esposas de pastores que me ajudaram a esclarecer o conteúdo deste livro. Nestas páginas, você perceberá principalmente a influência e a sabedoria destas mulheres piedosas: Megan Hill, Melanie Yong, Bev Berrus e Jen Thorn. Sou grata por seus comentários cuidadosos, perguntas perspicazes e incentivo entusiasmado para publicar este livro. Oro para que toda esposa de pastor possa conhecer o amor fortalecedor de irmãs cristãs como vocês!

Obrigada a todos da *Crossway*, por terem essa grande alegria e cuidado com a publicação de livros para o bem da igreja. Embora eu nunca saiba exatamente quanto trabalho foi necessário para reunir este recurso, sou grata por todas as milhares de tarefas que vocês fizeram com tanta alegria, como para o Senhor. Meus agradecimentos especiais para Justin Taylor, Lydia Brownback, Josh Dennis, Angie Cheatham, Amy Kruis, Matt Tully e Janni Firestone.

E em nome das esposas de pastores em todo lugar (se é que posso ser assim tão ousada) — às inúmeras esposas de pastores anônimas que sofrem perdas por causa do evangelho — obrigada. Lembramo-nos de nossas irmãs cujos maridos estão na prisão ou elas mesmas estão presas, como se estivéssemos na prisão com vocês. Lembramo-nos de vocês que são maltratados, já que nós também estamos no corpo. Vocês têm ido com Cristo para fora do arraial e suportado o vitupério que ele suportou. Sua fé nos relembra de que nós não temos cidade alguma permanente aqui. E quando nos esquecemos ou esmorecemos em nosso zelo, o seu compromisso de continuar confiando em nosso inabalável Deus fortalece a nossa determinação também.

Agradecimentos

Pela graça, mediante a fé, juntas compartilharemos a doce comunhão na cidade que há de vir.

E obrigada ao *meu marido* Dave, que pastoreia outros no caminho de Cristo, por meio da força de Cristo e para a glória dele.

Introdução

"Aí está você", uma mulher sussurrou em meu ouvido enquanto agarrava o meu cotovelo durante uma reunião da igreja. "Eu a tenho procurado em todo lugar!"

Espantada, eu me preparei. Nunca se sabe o que uma afirmação como essa pode significar, principalmente numa reunião da igreja. Eu deixei o porta-malas do meu carro aberto (de novo)? Será que um dos meus filhos vomitou, se cortou ou precisou ir ao banheiro? Será que meu marido precisa da minha ajuda? A mulher segurava minha mão, levando-me da parte de trás da sala de reunião, onde eu estava de pé, para a área do saguão. Será que alguém estava definitivamente necessitando de oração? Será que havia um bebê nascendo no banheiro? Será que alguém havia deixado um café com leite coberto de *chantilly* para mim?

Em vez de revelar qualquer uma dessas situações urgentes, minha amiga apontou para o teto. "Olhe, está vendo? O ar-condicionado não está resfriando. Você tem que consertá-lo". Dei um suspiro de alívio. "Ah! O ar-condicionado? Eu não sei consertar ar-condicionado. Eu mal sei ler um termômetro com escala *Celcius*". Ela pensou nisso por um segundo e riu. "Mas você é a esposa do pastor".

EXPECTATIVAS GRANDIOSAS E TEMEROSAS

Tanto o meu marido quanto eu queríamos ministrar no exterior antes de nos casarmos. Meu marido passou um verão no Oriente Médio e se apaixonou pelo povo, por sua cultura, sua língua e sua comida. Dave está constantemente tentando achar mais maneiras de incorporar espetinhos de *shish taouk* em sua dieta. Da minha parte, poucos meses depois de eu começar a andar com Deus na faculdade, li o livro *Alegrem-se os Povos!* com alguns amigos. Se você já leu esse livro de John Piper, então você sabe por que eu solicitei um passaporte após terminar o primeiro capítulo.[1] Eu fiquei entusiasmada para servir ao Senhor no exterior e me senti como se estivesse pronta para ir ontem. Começamos uma jornada de cinco anos no seminário, onde nós dois receberíamos diploma. Nós nos casamos três semanas após o início de nossa primeira aula, no primeiro semestre, e assumimos vários empregos para nos mantermos sem dívidas. Durante os recessos das aulas, lideramos inúmeras viagens missionárias de curto prazo no exterior para estudantes universitários. Fiquei muito ani-

---

1 John Piper, *Alegrem-se os povos: A Supremacia de Deus nas Missões*, 2.ed. (São Paulo: Cultura Cristã, 2002).

mada para realizar o ministério no exterior e para que meu marido fosse um plantador de igrejas. Parecia o ideal recebermos a chance de explorar oportunidades de ministério no exterior enquanto ainda estávamos no seminário.

Mas, apesar de saber que o ministério era um privilégio, havia uma coisa sobre tudo isso que me aterrorizava. Eu estava certa de que nunca seria capaz de estar à altura das expectativas de todos. Em todo o mundo, por onde quer que viajássemos, parecia que o meu temor do homem era confirmado em cada ocasião. "Você sabe que terá que ensinar seus filhos em casa se você for para o exterior", disse um missionário. "Você não tem muito tempo disponível para aprender a ler música", a esposa de um pastor me avisou. "O que o seu marido realmente precisa é de uma barriga cheia de refeições caseiras e uma vida sexual emocionante para se manter firme", um livro para esposas de pastores me instruiu. As igrejas que visitamos em todo o mundo tinham muitas ideias diferentes sobre como o pastor e sua esposa deveriam ser. Cada vez que voltávamos de uma viagem turbulenta pelo mundo, minha cabeça girava com o mundo de expectativas — liderar as mulheres, dar um passo atrás e discipular outras para liderar mulheres; ser atraente para agradar seu marido, ser recatada e ter uma voz [literalmente] tranquila; ser um modelo de piedade, ser um modelo de quebrantamento. Não envergonhe a si mesma e a seu marido através de sua ignorância, imaturidade ou inexperiência no ministério. E por todos os meios, faça tudo o que estiver ao seu alcance para manter seu marido e filhos o mais piedosos possível, para que ele não seja desqualificado para o ministério. (Observação: a salvação vem do Senhor, não da esposa do pastor).

Eu poderia ter ficado paralisada até mesmo para arrumar minha mala se tivesse levado muito a sério todas essas ideias. O simples fato de pensar sobre as expectativas podem fazer com que a esposa de um pastor queira jogar o "pano de prato" no primeiro junta-panelas.

ONDE A ESPOSA DO MINISTRO SE ENCAIXA?

Nosso marido precisa de muito apoio, desde apoio para estudar no seminário até para presidir as reuniões de presbíteros e organizar os detalhes para o orçamento da igreja. Nós os vemos engajando-se nos relacionamentos com os líderes da comunidade, visitando pessoas no hospital, orando ao telefone com os membros da igreja, enviando e-mails para a equipe e caçando recursos na biblioteca. Estamos com eles em grande parte desse trabalho de amor. É fácil ficarmos fascinadas pelas expectativas e debates sobre as funções e deixarmos tudo por isso mesmo. Mas creio que muitas conversas sobre as esposas de pastores estão centradas em quem elas são e no que elas devem fazer, e nós gastamos muito pouco tempo falando sobre quem Cristo é e sobre o que ele tem feito e fará. As discussões sobre os nossos ideais e expectativas são saudáveis e úteis desde que não nos desviem de amar o nosso Supremo Pastor, nosso marido e a igreja por quem Cristo morreu a fim de comprá-la para si mesmo.

No caso de você não ter tempo para ler o restante deste livro, apenas colocarei minhas cartas na mesa — acho que as esposas de ministros precisam de encorajamento e refrigério no Senhor, e nós encontramos essa esperança e ajuda no evangelho. Essa não é uma ideia nova ou escandalosa, mas com todas as coisas clamando por nossa atenção, acho que nós (eu!) poderíamos usar uma oportunidade para recalibrar a nossa perspectiva e pôr o nosso olhar nas coisas eternas. Afinal, por que desejaríamos vagar nas poças rasas dos ideais feitos pelo homem quando há o oceano incompreensível do amor de Cristo, que excede todo o entendimento, para nós mergulharmos (Ef. 3.18-19)?

Posso imaginar que você talvez esteja pensando numa variedade de coisas enquanto lê isso, dependendo da perspectiva que você tenha a respeito do que uma esposa de pastor deve ser. Talvez, a ideia de ter esse papel moldado pelas expectativas dos outros perturbe você. Mas talvez você não consiga pensar em quaisquer alternativas realistas. Afinal, todos têm expectativas colocadas sobre si — todos. Uma boa pergunta que devemos fazer é esta: De onde essas expectativas estão vindo? Falando francamente, não há versículos que delineiem as expectativas do ofício formal da esposa de pastor, porque não existe tal ofício descrito na Bíblia. A Bíblia assume que alguns pastores se casarão, por isso há qualificações para que tais homens (se forem casados) sejam "casados com uma só mulher".[2] Mas não há qualquer papel formal para suas esposas detalhado nas Escrituras. Apesar da ausência desse papel formal nas Escrituras, muitas esposas de pastores são vistas como um membro da equipe, uma diaconisa honorífica e, até mesmo, como uma copastora. Não é de se admirar que as esposas de pastores sintam pressão e solidão. Imagino que a maioria de nós fica sobrecarregada quando examina cuidadosamente a

---

2 Creio que a Bíblia deixa claro que Deus chama homens qualificados (e não mulheres) para servir como presbíteros/pastores (1 Tm 3.2; Tt 1.5-9).

paisagem do ministério à frente, e esse é o pensamento predominante que vem à mente.

Eu tenho muitas esperanças com relação a este livro. Desejo cavar fundo naquilo que a Bíblia diz sobre quem somos, sobre o que o ministério e a igreja têm a ver conosco e sobre como Deus usa pessoas fracas para fazer sua vontade na terra.

Minha oração é que este livro seja usado para equipá-la e incentivá-la. Percebo que está sendo exigido de você grande tempo e energia, então, quero honrar isso, detalhar as coisas importantes e deixar que você extraia as implicações para a sua vida e ministério que são únicos. Espero que este recurso seja revigorante, porque a graça de Deus pode nos dar uma humildade que sorri, em vez de suores, quando se trata de falar sobre o trabalho do ministério pastoral. E por falar em não suar, eu, pessoalmente, deveria ligar o ventilador do meu quarto. Nosso ar-condicionado deve estar quebrado novamente.

Capítulo 1
"Mas Você é a Esposa do Pastor"

Quem eu sou? Onde estou? O que eu sou? Espera-se que eu desempenhe algum tipo de papel? Se esse for o caso, onde foi que eu coloquei aquele roteiro? E quem escreveu o roteiro? Quando não temos certeza dessas coisas, podemos nos encontrar improvisando de maneiras que são insatisfatórias (e até mesmo autodestrutivas). Este capítulo estabelece as bases e a estrutura para uma discussão sobre identidade, ao falar acerca de quem Deus é e quem somos nós de acordo com o que a Bíblia diz. Lembrar que somos pecadoras redimidas que são amadas por um Deus santo é uma mensagem da qual todas nós precisamos ser relembradas regularmente. A nossa identidade, em seu nível mais básico e fundamental, é que estamos "em Cristo".

PERDIDA E DEPOIS ACHADA NELE: SOBRE "ACHAR" A NOSSA IDENTIDADE EM CRISTO

É provável que você esteja familiarizada com o jogo de esconde-esconde das crianças. Um dos meus filhos ama esse jogo, mas ele não consegue suportar o suspense da procura. Ele fica em algum lugar aberto e grita: "Eu estou aqui! Venha me pegar!". Às vezes eu "perco" os meus óculos, apesar de eles estarem bem ali no meu rosto; eu tateio ao redor, no banheiro, procurando-os. Pode ser cômico ver uma criança se esconder à vista de todos ou ver alguém vasculhando produtos na pia do banheiro, procurando por algo que não perdeu. Mas não é cômico ver os cristãos se esquecerem de que estão "em Cristo", vivendo alguma identidade deformada. Nós vagueamos como a pobre ovelha perdida, berrando que ninguém nos ama, enquanto, na verdade, estamos seguras para sempre nos braços de nosso Salvador.

O que estamos querendo dizer ao falar que precisamos encontrar nossa identidade em Cristo? Será que nossa identidade está perdida? É importante pensar a respeito desses termos comumente usados para descobrir o significado implícito daquilo que estamos falando. O fato de viver num contexto transcultural me ensinou, mais uma vez, que não podemos assumir que estamos nos comunicando com clareza, mesmo quando estamos falando a nossa língua. Além disso, mesmo entre colegas seguidores de Cristo, temos necessidade de esclarecimento contínuo.

Que pensamentos vêm à sua mente quando alguém pergunta: "Quem é você?". O que a maioria das pessoas espera saber quando faz essa pergunta é onde você mora ou qual a sua nacionalidade. Naturalmente, há inúmeras conexões e ideias que vêm à mente quando se ouve o nome de um país. Por exemplo, quando uma mulher soube que eu era dos Estados Unidos, ela disse: "Ah, eu conheço os americanos; você é salva-vidas!". Aquilo que ela havia visto num programa de televisão transmitido internacionalmente formou sua opinião acerca de meu país e de mim. Esse é um exemplo extremo (e extremamente embaraçoso), mas acho que todos podemos nos comparar com o processo de pensamento dessa mulher quando pensamos sobre identidade. Nós conectamos automaticamente tudo o que sabemos acerca do todo com o indivíduo e vice-versa. O final daquela interação foi que eu me atrapalhei toda numa explicação da introdução da primeira carta de Pedro "aos eleitos que são forasteiros da Dispersão no Ponto, Galácia, Capadócia, Ásia e Bitínia" (1 Pe 1.1). Minha pátria está nos céus (Fl 3.20-21), embora eu seja uma cristã cujo passaporte tenha sido emitido pelo governo dos Estados Unidos. Eu mantenho minha herança cultural, mas minha identidade primária é definida por Deus, ao unir-me a Jesus por meio de sua morte e ressurreição.

Então, qual é a sua identidade? Pelo que ou por quem você se define? Você é dona da sua identidade? Será que sua identidade está "visivelmente perdida"? Para você ser chamada cristã, você deve abraçar a cruz de Jesus Cristo e tudo o que ela diz sobre quem Deus é e quem você é. Você está em Cristo. O fato de Jesus, o Filho de Deus, sem pecado, ter se permitido ser crucificado numa cruz como um criminoso diz muita coisa. A cruz diz que Deus é totalmente santo, e que nós somos totalmente pecadores. A cruz diz que Deus requer um sacrifício de sangue pelos pecados cometidos contra ele, e Jesus recebeu essa punição em nosso lugar (Rm 3.21-26). A cruz diz que Deus nos ama de uma forma que não compreendemos (cf. Ef 3.19). "Nisto consiste o amor: não em que nós tenhamos amado a Deus, mas em que ele nos amou e enviou o seu Filho como propiciação pelos nossos pecados" (1 Jo 4.10). A cruz diz que Deus providenciou a posição de justiça de que precisamos para habitarmos em sua santa presença e não morrer. "Aquele que não conheceu pecado, ele o fez pecado por nós; para que, nele, fôssemos feitos justiça de Deus" (2 Co 5.21). Devido ao que Cristo fez por nós na cruz, ele destruiu todos os obstáculos que nos impediam de desfrutá-lo para sempre. Por causa da cruz, já não somos escravas, porém filhas, e, sendo filhas, somos também herdeiras por Deus (Gl 4.7). Assim, já não somos estrangeiras e peregrinas, mas concidadãs dos santos, e somos da família de Deus (Ef 2.19). Somos livres no sentido mais alegre, reverente e cheio de temor da palavra. Nós apreendemos essas coisas pela fé, a qual é um dom, por isso nenhuma de nós pode se orgulhar (Ef. 2.8-9).

Sempre que falarmos de nossa identidade como sendo mulher, esposa ou esposa de pastor, que tenhamos em mente como o principal ponto de referência o fato de sermos "achadas nele" (Fl 3.9). Cada papel que desempenharmos deve ser visto por essa perspectiva. Assim como os óculos "perdidos" que estavam bem ali no meu rosto, sua identidade é sempre encontrada nele, quer você esteja ciente disso ou não. É por isso que precisamos repetir o evangelho muitas vezes, pedindo ao Espírito para nos transformar e nos lembrar da verdade de Deus (Rm 12.2).

DEUS, HOMEM, CRISTO, RESPOSTA

A pergunta sobre a identidade é uma das questões que gostamos de responder usando rótulos. Às vezes, os rótulos que usamos são cada vez mais descritivos. "Eu sou a esposa do _____", diz uma mulher. Outra talvez diga: "Eu sou mãe". Depois, incluímos nossas peculiaridades pessoais: "Sou uma mãe cujos filhos são educados desta maneira"; "Sou uma mãe que come este tipo de comida"; "Sou uma mulher cujo papel do marido na igreja é este"; "Sou uma mulher que trata de suas doenças desta maneira"; "Sou uma mãe cujo filho brinca este tipo de brincadeira"; "Sou uma mulher que compra esta marca de determinado produto"; etc. Gostamos de pensar em nós mesmas em termos do que consumimos, produzimos, ou possuímos, ou em termos de como nos comportamos.

Mas ser cristã não é um rótulo, nem uma área de interesse, nem uma questão de opinião pessoal. Ser cristã significa que a coisa mais básica e fundamental sobre você mudou para sempre. Você não pertence mais a si mesma, agora você é definida por Aquele a quem você pertence. Você estava morta em seus pecados, e agora você está viva para Deus. Essa realidade de estar em Cristo não é algo que evocamos em nossa imaginação para acalmar as nossas inseguranças. De que forma exatamente acontece o sermos "achados nele agora, não tendo justiça própria, que procede de lei, senão a que é mediante a fé em Cristo, a justiça que procede de Deus, baseada na fé" (Fp 3.9)? Devemos olhar para a autoridade da Palavra de Deus e não para os nossos sentimentos subjetivos a respeito de como o nosso coração se sente hoje.

Nós gostamos de criar nossos próprios padrões, mas até mesmo os nossos padrões inventados são favoráveis. Dizemos coisas como: "Pelo menos, eu não sou _____, como fulana e sicrana". Subjetivos, indiferentes e, às vezes, misturados com os ideais bíblicos, os nossos padrões são meras comparações com outras pessoas. Mas a Palavra de Deus nos diz que não somos autônomas. Somos responsáveis diante do Deus que nos criou. Em Romanos 1, aprendemos que "a ira de Deus se revela do céu" (v. 18). Devemos uma lealdade completa e uma adoração sincera ao nosso Criador, mas essas coisas que temos reservado exclusivamente para nós mesmas são para a nossa morte eterna. "Porquanto, tendo conhecimento de Deus, não o glorificaram como Deus, nem lhe deram graças; antes, se tornaram nulos em seus próprios raciocínios, obscurecendo-se-lhes o coração insensato" (Rm 1.21). Todos nós estamos debaixo do pecado (Rm 3.9). Nós não temos que procurar muito em nossa memória para nos lembrarmos de uma ocasião em que honramos a nós mesmas acima de Deus ou desconsideramos sua graça para conosco. Não temos desculpas — todos nós temos quebrado a lei de Deus e merecemos o juízo. Nossos padrões inventados e as leis humanas não podem ser comparados à santidade de Deus, e sua ira é dirigida com justiça contra toda a impiedade.

Toda boca se cale — o mundo inteiro é culpável diante de Deus (Rm 3.19). "Mas agora..." Mas! Agora! "Mas agora, sem lei, se manifestou a justiça de Deus testemunhada pela lei e pelos profetas" (Rm 3.21). O próprio Deus providenciou uma maneira de escaparmos da penalidade justa para o nosso pecado e de sermos considerados justos diante dele. Esse perdão e posição de justiça não têm absolutamente nada a ver com o quão alto podemos elevar a nós mesmos pelos nossos próprios esforços morais. Os próprios esforços de autojustiça são cadeias. Essa justiça de Deus, sem lei, é um dom da graça. É somente através da confiança na obra da morte sacrificial de Cristo que podemos ser "justificados gratuitamente, por sua graça" (Rm 3.24). Como podemos obter esse presente? O que faremos com essa notícia? Nós respondemos a essa boa notícia por meio da fé e do *crer*. "Mas, ao que não trabalha, porém crê naquele que justifica o ímpio, a sua fé lhe é atribuída como justiça" (Rm 4.5).

Como a esposa de um homem que está no ministério, você pode estar ciente das diferentes expectativas que as pessoas têm de você. Sua cultura, os membros da família, os membros da igreja, a comunidade, e, certamente, o seu marido têm ideias a respeito de quem você é para eles e para outros. As ideias deles sobre quem você é provavelmente variam de pessoa para pessoa. Você está se sentindo sobrecarregada? Tenha a certeza de que aquele cuja "opinião" mais importa pra você é quem tem a palavra decisiva sobre a sua identidade. Quando você ouve as expectativas que os outros têm de você, você é livre para considerá-las à luz da verdade de Deus. Definitivamente, não há ameaça à sua personalidade, dignidade ou ao seu valor, porque o Deus que criou todas as coisas, incluindo você, não tem opiniões discutíveis. O que você é em Cristo nunca muda e não está ameaçado. Deus é aquele cujo nome é "Eu sou o que sou" (Ex 3.14), e ele diz: "Não temas, porque eu te remi; chamei-te pelo teu nome, tu és meu" (Is 43.1). Nós não poderíamos ter recebido uma identidade mais emocionante! Será que alguém tem uma expectativa sobre você que seja verdadeira, nobre e louvável? Você é livre em Cristo para caminhar em amor para com aqueles que estão ao seu redor à medida que recorre à força dele para servir. Será que alguém tem uma expectativa sobre você que não é verdadeira, nobre ou louvável? Você é livre em Cristo para caminhar em amor para com aqueles que estão ao seu redor à medida que você graciosamente recusa essa expectativa. Em qualquer caso, não há necessidade de uma atitude defensiva, de medo, ansiedade, insegurança, mas apenas de um descanso gracioso por causa de nossa segurança em Cristo.

ACORDA, DORMINHOCA!

Apesar de sermos amadas de Deus a quem ele ama com um amor firme e eterno (Sl 103.17), essa verdade imensa e importante simplesmente não emociona o nosso coração 24 horas por dia, 7 dias na semana. Considere o grande número de palestras que temos frequentado, os sermões pregados que temos ouvido e os estudos bíblicos que já concluímos. Mesmo assim, nós ficamos aborrecidas e irritadas quando ouvimos alguém falar do amor de Deus por nós. "Eu já sei disso", suspiramos. "Sim, mas"... — o nosso coração está insatisfeito. Mas, ao dizer isso, revelamos aquilo de que realmente temos nos esquecido. "Eu já acreditei no evangelho; podemos passar para frente"? Nós damos de ombros para os lembretes. E, novamente, revelamos que temos nos esquecido. Mesmo em meio à pregação sólida, oportunidades regulares para nos superarmos, dias a fio de confraternizações e toda variedade de atividades religiosas, podemos ficar entediadas com a adoração, o ministério e a comunhão com Deus.

Tenho certeza de que você já experimentou um período em que se senta para ler a Bíblia e orar, mas não consegue impedir que sua mente divague por todas as outras coisas que você preferiria estar fazendo. Ultimamente, tenho me distraído por causa do meu cabelo (isso é bobagem, eu sei). O ar de nossa cidade muda de úmido para árido rapidamente, e meu cabelo não gosta disso. Quando estou sentada sossegada e quero acalmar meu coração, descubro que, na verdade, estou pensando sobre o quão insatisfeita estou com minha própria pele e cabelo. Minha mente vagueia também para os pensamentos abundantes e múltiplos sobre mim mesma. "Todo mundo é tão egoísta; ninguém tem tempo para pensar em mim", o ego reclama. Então eu compenso o déficit de atenção que sinto e fico obcecada com meus planos, meus sentimentos e minhas coisas. Eu me torno a coisa mais importante em minha mente, e os meus desejos se tornam os combates mais intensos do meu coração. Naturalmente, essa disposição narcisista afeta todos ao meu redor. Se eu não estou feliz, então ninguém está feliz. Ao refletir sobre esses momentos, posso sentir os aguilhões da minha consciência pela convicção de pecado.

Talvez você sinta a mesma vergonha ou frustração em relação a sentir-se entediada com o amor de Deus. Se você ouvir as acusações estridentes de Satanás, que lhe dizem que você é uma pecadora egocêntrica, lembre, então, ao diabo que ele pode estar bem ciente do seu pecado, mas, por causa de Jesus, o Pai celestial prometeu esquecer-se de todos eles (Sl 103.12). "Eu, eu mesmo, sou o que apago as tuas transgressões por amor de mim e dos teus pecados não me lembro" (Is 43.25). Louve a Deus pelo Espírito Santo que habita em nós, que é bondoso para nos levar para longe do pecado e em direção à justiça. Que graça é saber que algo está errado quando a bela verdade de Deus se torna indiferente!

É um presente ver a disparidade entre o nosso afeto por Deus e o merecimento absoluto que lhe é devido, porque depois vemos que Deus não nos deixou entregues a nós mesmas, mas está interagindo conosco em sua bondade, para que nos arrependamos do nosso pecado. Nesses tempos, podemos ver como o ministério é um incentivo para dirigir nossos afetos para o Senhor. E vez após vez, as mulheres de nossa igreja têm me direcionado de volta para Cristo, à medida que caminhamos juntas, confessando essa luta umas às outras. Sou tão grata!

A fim de que não venhamos a acreditar que o evangelho e o ministério resultante do evangelho dizem respeito a nós, precisamos contemplar o nosso Deus. Quando estamos sendo puxadas para uma direção em que olhamos para o nosso umbigo, precisamos contemplar o nosso Deus. Quando estamos preocupadas acerca da visão que tínhamos para as nossas vidas, precisamos contemplar o nosso Deus. Quando estamos satisfeitas com o modo como a vida está indo e sentimos pouca urgência em relação a qualquer coisa, e menos ainda em relação aos assuntos espirituais, precisamos contemplar o nosso Deus! Precisamos ter os olhos do nosso coração iluminados para que possamos conhecer a esperança do nosso chamamento, a nossa herança gloriosa e a grandeza imensurável do seu poder para conosco (Ef 1.17-19). Há sempre mais em relação à vida do que aquilo que podemos ver com os nossos olhos físicos. Precisamos despertar a cada dia e, até mesmo, a cada hora. No pouco tempo que você levou para ler esses poucos parágrafos, você está mais perto de encontrar o Senhor face a face. Estamos cambaleando em direção ao nosso destino eterno de acordo com os soberanos e bons planos de Deus. "E digo isto a vós outros que conheceis o tempo: já é hora de vos despertardes do sono; porque a nossa salvação está, agora, mais perto do que quando no princípio cremos" (Rm 13.11).

Você usa um despertador para acordar de manhã? Às vezes, eu uso o despertador do meu celular. Há dúzias de opções para o som do despertador! É importante escolher o som correto, certo? Você não quer acordar com um ruído detestável ou se esquecer do despertador porque o som é muito suave para se ouvir. Que tipo de coisa vai nos despertar de nossa embriaguez espiritual? Precisamos derramar baldes de água gelada em nossas almas sonolentas quando somos tentadas a desprezar, degradar ou perder a esperança da surpreendente boa-nova de Deus. "Assim, pois, não durmamos como os demais; pelo contrário, vigiemos e sejamos sóbrios" (1 Ts 5.6). A Palavra suficiente de Deus descasca a fachada que fizemos para cobrir a realidade que ele criou. A verificação da realidade de que precisamos não pode ser obtida através de "ouvir o nosso coração" e dizer a nós mesmas o que somos. Por meio da Palavra de Deus, ganhamos uma perspectiva eterna pela qual podemos avaliar cada pontada no coração, relacionamento e circunstância. Você conhece um versículo atemporal e familiar da Bíblia que fale disso? "Lâmpada para os meus pés é a tua palavra e, luz para os meus caminhos" (Sl 119.105). Que misericórdia de Deus é o fato de ele nos dar a sua palavra esclarecedora, que está sempre brilhando, independentemente de nós a percebemos.

APENAS CONTINUE NADANDO

Você se lembra de como se sentia à medida que andava pelo corredor da igreja para ficar ao lado de seu marido em sua cerimônia de casamento? A igreja onde meu marido e eu nos casamos tinha um corredor muito, muito comprido. Ele foi apelidado de "quilômetro verde", por causa do tapete verde. Quando abriram as portas de trás do santuário, eu pude ver a plataforma iluminada no caminho até o altar, lá na frente. O brilho das luzes e a distância fez com que eu, de certo modo, tivesse de crer que toda aquela gente estava no lugar certo e que Dave estava lá, esperando por mim. Meu pai segurou o meu braço, e começamos a caminhar. No início, eu não conseguia ver meu noivo claramente, e o olhar de todos fixo em mim fazia com que eu me sentisse nervosa. Mas, quando chegamos mais perto, eu e Dave nos olhamos, e ele era tudo o que eu conseguia ver. Lembro-me de sentir uma paz e uma alegria crescentes, que tomaram conta do meu coração, suplantando os meus sentimentos de insegurança.

"Estar casada com um homem que está no ministério significa que sua vida está num aquário", disse-me certa vez a esposa de um pastor, "porque todo mundo a está observando". Sem dúvida, há elementos na vida do pastor que se assemelham a essa observação. E há exortações bíblicas em relação ao discipulado que sugerem que as pessoas que você está liderando devem ser capazes de observar sua vida (2 Ts 3.7-9; 2 Tm 3.10; Hb 13.7). Essa ilustração do aquário possui elementos verídicos, e é certamente uma boa coisa saber que alguém é responsável por caminhar com integridade, porque as pessoas estão observando sua vida. Há uma segurança e uma garantia que nossa família experimenta em saber que somos suficientemente cuidados pelo corpo de nossa igreja e pelos presbíteros, de forma que não seremos ignorados no que diz respeito à vigilância de nossas almas. Mas acho que, às vezes, a sensação de aquário pode assumir um tom sinistro — como se sua família fosse o peixe no reservatório, e todo mundo fosse um gato. Eles a estão observando, esperando uma oportunidade para atacar.

Lembro que me senti dessa maneira quando nos mudamos pela primeira vez para a região do mundo onde vivemos agora. Meu marido, eu e nossa filha morávamos do outro lado da fronteira, numa cidade pequena, em um país vizinho. Tudo era novo — a língua, a comida, a geografia, os costumes e o estilo de vida. Cada dia que eu pisava fora de nosso portão e andava até a esquina, para a minha aula de idioma, eu estava ciente dos olhos que me observavam. Alguns me encaravam abertamente e não se desviavam quando eu os notava. Outros mudavam o seu caminho para atravessar a rua, de modo que pudessem cruzar comigo e me observar enquanto eu caminhava para a aula. Certa vez, entrei numa loja e reconheci a frase dita pelo lojista para outro cliente, em seu dialeto local: "Veja, aí está ela". Toda essa atenção me deixava apreensiva, e comecei a sentir um forte desejo de me retirar e evitar sair de casa. Então, falei sobre o que estava sentindo com uma mulher mais velha que havia vivido lá por anos. Ela me explicou que meus vizinhos, com suas encaradas, não estavam mal-intencionados, mas, sim, curiosos. "Por que você não deixa sua luz brilhar?", ela me incentivou. Isso mudou meu pensamento, e, a cada dia, comecei a ver múltiplas oportunidades para falar acerca de Jesus para as pessoas curiosas.

Às vezes, pensamos que deixar nossa luz brilhar diante dos homens (Mt 5.16) é como um *show* pirotécnico. Precisamos manter as pessoas empolgadas, de formas novas e surpreendentes, enquanto nós as impressionamos com a nossa santidade e perfeições fantásticas. Mas deixar sua luz brilhar diante dos homens tem uma extensão e um objetivo completamente diferentes. Nossas boas-obras e conduta correta não dizem respeito a exibir a nós mesmas, mas a demonstrar que temos um bem duradouro e melhor no céu, e que o nosso Salvador é ao mesmo tempo santo e perdoador.

Deus não nos pede desculpas por nos chamar para participar de sua Grande Comissão, porque isso é um privilégio inestimável. Embora possamos nos imaginar como um único peixe solitário no aquário, podemos ter conforto ao saber que o corpo de nossa igreja está, na verdade, nadando conosco. Uma das razões pelas quais eu amo a minha igreja multiétnica e diversificada é porque estamos unidos uns aos outros em Cristo — nós somos "nós". Embora venhamos de toda parte do mundo, não há "eles" no corpo de Cristo. Somos um corpo! Meu coração é consolado, semana após semana, em nossas reuniões de adoração, à medida que olho ao redor e penso: "Estamos juntos". Não estou sozinha! Irmã, mesmo nos lugares de difícil acesso neste mundo, onde a solidão não é imaginária, mas bem real, nós podemos ser encorajadas por causa do evangelho. O cansaço que sentimos quando olhamos para todas as necessidades ao nosso redor é substituído por uma apreciação revigorante pelo que Jesus fez em nosso favor e por sua força para com aqueles que são fracos. Agradecidas a Deus por sua graça, buscamos a santidade e fazemos nossas boas-obras por meio de sua força, para que o nosso Pai do céu receba a glória. Estamos todas nadando juntas somente pela graça de Deus.

Capítulo 2
Sobre Herdar um Reino de Ídolos e Expectativas

As expectativas podem vir sorrateiramente sobre você e surpreendê-la quando você menos espera. Hoje, podemos rir daquele momento, mas, naquela época, aquilo foi muito confuso para todos nós. Em determinado ano, pouco antes do culto de Natal começar, um grupo de senhoras se reuniu ao meu redor com olhares de desaprovação em seus rostos. Alguém falou pelo grupo: "Isso não está certo. Você é a esposa do pastor! Você deveria ser a mulher mais bem vestida aqui. Esta é a sua noite! Onde estão as suas joias?". E numa tentativa de me poupar daquilo que ela considerava ser uma vergonha, ela começou a tirar seu próprio colar para me dar. Minhas amigas herdaram essa ideia da subcultura de sua igreja em seu país de origem. Essa é apenas uma das coisas que todo mundo sempre soube — espera-se que a esposa do pastor seja a mulher mais reluzente da festa de gala da véspera de Natal. A véspera de Natal era a "sua noite" para ostentar seus bens. Em meu coração, eu estava sendo tentada com essa oportunidade para atrair atenção e elogios.

Pode parecer estranho tomar esse exemplo como uma expectativa séria. Mas admita — talvez as nossas expectativas que não correspondem às Escrituras têm mais coisas em comum com esse exemplo do que gostaríamos de admitir. Isso nos leva a considerar algumas perguntas: Por que somos tão propensas a criar falsas expectativas para nós mesmas ou para os outros? O que é isso, em nós, que nos deixa ansiosas para ir atrás das falsas expectativas e tentar satisfazê-las? Para responder a essas perguntas, precisamos olhar para a questão central que está por trás de todos os nossos impulsos pecaminosos: a idolatria.

DOS ÍCONES AOS ÍDOLOS

Minha amiga Bev cresceu numa família que praticava o culto aos antepassados e ídolos. Quando ela tinha doze anos de idade, seu pai saiu pela porta de trás de sua casa, carregando um machado. O pai de Bev atacou a estátua de Buda que estava levantada em seu quintal. A estátua vermelha de madeira, com mais de noventa centímetros de altura, estava supostamente protegendo-os e trazendo boa sorte à sua família, mas seu pai não acreditava mais nessa mentira. Ele picou o ídolo em pedacinhos, enquanto sua filha olhava assustada. A família Chao havia ensinado suas filhas a reverenciarem o ídolo — *não toque nele, não brinque com ele, trate-o com respeito*. Mas quando o pai de Bev se tornou cristão, ele desmantelou e destruiu seu deus doméstico em obediência ao único Deus verdadeiro. "Não terás outros deuses diante de mim" (Êx 20.3). Sua escravidão à superstição e ao culto aos ancestrais havia sido rompida. Em vez de olhar para um pedaço de madeira para pedir coisas que só Deus pode proporcionar, o Sr. Chao começou a levar sua família a confiar em Cristo.

A inclinação para idolatria é a postura natural do coração humano. Ela é a razão de todo pecado. Não precisamos ter uma estátua em nosso quintal para servimos a um ídolo. Quando Satanás tentou Adão e Eva no jardim, ele lhes disse: Vocês serão como Deus (Gn 3.5). Martyn Lloyd-Jones resumiu o problema da idolatria desta forma:

> Esta é a própria essência da mensagem bíblica: aquele homem e aquela mulher, colocados por Deus em um estado de paraíso e perfeição, sentiram que até mesmo esse paraíso era um insulto a eles porque havia sujeição a Deus... Os homens e mulheres foram realmente feitos para viver uma vida de comunhão com Deus, e a felicidade, em seu sentido pleno e final, só é realmente possível quando eles obedecem à lei de sua própria constituição; e enquanto eles se recusarem a fazer isso, eles não poderão experimentar qualquer outra coisa senão distúrbio, infelicidade e desgraça.[1]

---

1 Martyn Lloyd-Jones, *Fellowship with God: Studies in 1 John* (Wheaton, IL: Crossway, 1993), pp. 62–63.

Depois que nossos primeiros pais pecaram, todos os seres humanos então imaginaram que estavam numa situação melhor em relação à escravidão da autoadoração. A humanidade foi planejada para ser um *ícone*, uma imagem de como Deus é, já que exibimos sua imagem para o mundo. Em vez disso, em nosso pecado, nós nos tornamos nossos próprios ídolos. Adoramos a nós mesmos e esperamos que os outros façam o mesmo. Pense nisso — somos bondosos com as pessoas que são bondosas conosco. Nós nos orgulhamos de nossas forças e realizações. Invejamos aqueles que têm a força e as realizações que desejamos. Somos rudes com as pessoas que não nos elogiam. Insistimos em nosso próprio caminho. Ficamos facilmente irritados e ressentidos com aqueles que não reconhecem a nossa soberania. Ficamos em êxtase quando os nossos rivais tropeçam. Aguentamos as pessoas enquanto elas nos beneficiam. Em nossas mentes, somos as únicas pessoas verdadeiramente dignas de louvor, e estaremos condenadas se alguém sugerir o contrário. Ironicamente, nós nos deixamos enganar ao pensar que, por meio dessas práticas e posturas de coração, somos livres e independentes, mas, na verdade, somos escravos. No capítulo um, nós lemos Romanos 1.21: "Porquanto, tendo conhecimento de Deus, não o glorificaram como Deus, nem lhe deram graças; antes, se tornaram nulos em seus próprios raciocínios, obscurecendo-se-lhes o coração insensato". Paulo continua dizendo no versículo 25: "pois eles mudaram a verdade de Deus em mentira, adorando e servindo a criatura em lugar do Criador, o qual é bendito eternamente. Amém!". Nós não queremos mais servir a criatura. Queremos adorar a Deus! Será que é tarde demais para devolver a mentira que compramos e trocá-la pela verdade de Deus?

Em Atos 17.29-31, Paulo nos dá a resposta que estamos procurando:

> Sendo, pois, geração de Deus, não devemos pensar que a divindade é semelhante ao ouro, à prata ou à pedra, trabalhados pela arte e imaginação do homem. Ora, não levou Deus em conta os tempos da ignorância; agora, porém, notifica aos homens que todos, em toda parte, se arrependam; porquanto estabeleceu um dia em que há de julgar o mundo com justiça, por meio de um varão que destinou e acreditou diante de todos, ressuscitando-o dentre os mortos.

Aleluia! Temos um resgatador! Esse homem não é como o primeiro homem, Adão, que abandonou a Deus para adorar a si mesmo. *Não*. Esse é o Deus-homem, Jesus Cristo, o último Adão, o único homem que adorou a Deus com todo seu coração, alma e mente, e amou o seu próximo como a si mesmo (Mt 22.36-40). Considerando que todos nós fomos feitos pecadores pela desobediência de Adão, assim, muitos que clamam a Cristo para salvá-los, serão considerados justos pela obediência dele (Rm 5.12-21). A nossa idolatria é perdoada, e nossa posição de justiça diante de Deus nos é imputada pela fé no último Adão. A ressurreição de Jesus Cristo prova que Deus manterá sua promessa de cancelamento de pecado para todos aqueles cuja confiança está em seu Filho. Quando confiamos que Jesus garantiu o nosso futuro de alegria infindável nele, experimentamos o poder do Cristo ressurreto, que nos liberta da idolatria. Nunca mais poderemos servir alegremente a outro deus, porque nenhum deus pode nos satisfazer como a plenitude que recebemos de Cristo. Então, agora nós pegamos o machado da Palavra de Deus e golpeamos a raiz dos nossos ídolos.

OS GRILHÕES DO MINISTÉRIO?

Quando nos mudamos para a Península Arábica para ajudar a começar um movimento de plantação de igrejas, não fazíamos ideia se esse plano viria a ser concretizado. Ninguém havia nos convidado formalmente, e não havia cargos a serem preenchidos. Aquele foi um tempo para esticar a fé. Quando a incerteza de tudo aquilo me atingia novamente, eu sentia o estresse se espalhando pelo meu corpo. "Se isso não funcionar, o que faremos?", era a pergunta que eu me fazia diariamente. "O Plano" de implantação de igrejas era meu ídolo funcional, e eu não conseguia entender como seria minha vida se aquele plano falhasse.

Servir ao lado de seu marido no ministério pode apresentar-lhe uma forte tentação para a idolatria. Algumas tentações são maiores do que outras, e os aspectos do ministério também podem se tornar tentações para o pecado. Todos nós somos vulneráveis à tentação. "Não há justo, nem um sequer, não há quem entenda, não há quem busque a Deus" (Rm 3.10-11).

Talvez, toda essa conversa sobre ídolo seja nova para você. Ou talvez você esteja bem familiarizada com essas ideias. Sem dúvida, em algum momento de sua vida, alguém já apontou um ídolo para você. As frases "Você só fala de _____" e "a única coisa que lhe interessa é _____" são ferramentas para o nosso discernimento nas mãos de um Deus gracioso. Uma pessoa ofendida pode ter apontado essas acusações na direção do seu coração para prejudicá-la, mas Deus pode usar essas lanternas para lhe mostrar falsidade. E quando vemos os ídolos se mascarando como Deus em nosso coração, somos ensinadas a "temer a Deus" (Pv 1.7), porque não temos nada a temer. "No amor não existe medo; antes, o perfeito amor lança fora o medo. Ora, o medo produz tormento; logo, aquele que teme não é aperfeiçoado no amor (1 Jo 4.18). Nosso castigo por causa da idolatria foi levado no corpo de Cristo, na cruz. E vale a pena repetir vez após vez — o registro perfeito de Jesus, sempre adorando o Pai com todo o seu ser e nunca tendo outros deuses diante do Pai, é nosso por meio da fé. Nosso trabalho é crer naquele que o Pai enviou (Jo 6.29) e descansar na obra consumada de Cristo. Nós não pegamos o machado para cortar nossos ídolos, a fim de que o nosso Pai nos ame. Não, nós rejeitamos os nossos ídolos porque somos filhas amadas de nosso Pai.

Então, como você sabe se uma coisa relacionada ao ministério tem usurpado o lugar de Deus em sua vida? Quando uma atividade, realização ou título ministerial se tornam mais importantes do que Deus em seu coração? Em relação ao ministério, o que parece dar significado ou valor à sua vida? Qual atividade a devastaria se fosse tirada de você?[2] Você sabe que uma oportunidade de ministério é maior que Jesus para você quando essa atividade é tirada de você, alterada ou quando você fica impedida de fazê-la e se sente abalada, arruinada, preocupada, ansiosa, insegura, insignificante, ignorada, com raiva, triste, traída ou perturbada. Você não verá razão para se

---

2 Para uma discussão aprofundada acerca da identificação de ídolos, veja Timothy Keller, *The Gospel in Life Study Guide: Grace Changes Everything* (Grand Rapids, MI: Zondervan, 2010).

preocupar com a perda desse privilégio a menos que, aos seus próprios olhos, você tenha dado mais valor a isso do que ao prazer de conhecer Jesus Cristo, seu Senhor. Quando isso acontece, é um indício de que essa coisa pode ter se tornado o seu ídolo. Quando projetamos nossas vidas em torno de nossos ídolos, estamos criando nossos próprios pequenos reinos, nos quais insistimos em que somos soberanas. Quando algo ou alguém vem e atravessa as fronteiras de nosso pequeno reino, ficamos na defensiva. O nosso bem-estar está sendo ameaçado.[3]

CURVANDO-SE DIANTE DO MINISTÉRIO E DA PANELINHA

Talvez você sinta que sem a sua igreja você não é coisa alguma. Ou que sua igreja não é coisa alguma sem você. De qualquer modo, existe uma codependência doentia na qual sua identidade e seu meio de vida estão envolvidos com o serviço no ministério. Pensamentos ou declarações como: "Esta igreja precisa de nós" ou "Não podemos perder este trabalho" borbulham em sua mente. Você também pode sentir que tem algo muito especial para contribuir com as pessoas as quais serve, pois — coitadinhas — elas simplesmente não conseguiriam fazer isso como você faz. As frases: "É bom estarmos aqui para liderar essas pessoas" e "Nós somos os únicos que sabem ensinar o evangelho de um modo que eles ouçam" podem vir à mente. Embora o ministério e o ressurgimento do evangelho sejam coisas muito boas, elas não são Deus, e elas ficariam felizes se as adorássemos no

---

3 Sou grata a Paul David Tripp por destacar isso de forma tão clara em seu excelente livro *O que você esperava?: Expectativas fictícias e a realidade do casamento* (São Paulo: Cultura Cristã, 2011).

lugar dele. E o nosso coração fabricante de ídolos ficaria feliz em ser obrigado a fazer isso. Você sente que deve ter esse ministério para ser feliz? Talvez você não consiga imaginar sua vida sem ele ou sem sua igreja (eu posso dizer — Eu amo minha igreja!). Mas você ainda consegue se imaginar tendo uma vida?

Ou talvez você não esteja tão impressionada com o ministério ou a filosofia do ministério em si, mas o seu coração está nas pessoas. Para algumas de nós, a vida só tem significado se as pessoas (talvez as mulheres em particular) ficam felizes em nos seguir, em se socializar conosco, em priorizar a nossa amizade em detrimento de outras e em nos abençoar com a sua aprovação brilhante. O círculo íntimo das pessoas da sociedade é como o santo dos santos para nós; ele é sagrado e deve ser mantido sem perturbações. Não medimos esforços para proteger a nossa reputação entre elas. E se elas soubessem de nossas fraquezas e pecados? Ou das fraquezas e pecados de nosso marido? Ainda estaríamos "bem com a nossa alma" se deixássemos os líderes da igreja saberem que precisamos de suas orações e apoio, por qualquer motivo? Você precisa desfrutar a aprovação dos líderes de sua igreja a fim de apreciar a vida? Você se sente sobrecarregada por representar o seu marido e família como um gerente de relações públicas faria? Será que as consequências sociais de um desentendimento entre as senhoras na igreja a assustariam? Não é uma graça para nós, então, quando somos desprezadas por qualquer razão, e quando nossa opinião é ignorada ou marginalizada naquele encontro do ministério de mulheres, e quando o nosso filho tem um ataque de raiva no meio do culto? Os ídolos da aprovação e do poder são duros na queda, e a consequência de perder a aprovação de alguém ecoa em todos os espaços vazios de nosso coração. O poder que eles exercem é tão grande que podem inclinar os nossos pensamentos para repetirmos conversas, examinarmos relacionamentos e nos preocuparmos com o que as outras pessoas estão pensando.

MAS JESUS!

Quando Jesus cancelou o escrito de dívida que havia contra nós, com suas exigências legais, ele o pregou na cruz. Totalmente pago! Por meio de sua obra na cruz, Jesus despojou os principados e as potestades, e publicamente os expôs ao desprezo, triunfando sobre eles (Cl 2.14-15). Os ídolos são sempre reputados como imprestáveis, impotentes e mesquinhos. Quando vivemos para o nosso ministério, para a nossa panelinha ideológica, para o círculo interno do ministério das senhoras ou para as nossas seguidoras, sempre ficamos incompletas. Um ídolo não pode morrer pelos nossos pecados. Além disso, quando falhamos com nossos fãs ou com nossa boa reputação, essas coisas nos punem. Os ídolos não concedem graça; eles governam por meio do carma.

Mas Jesus — ele nos liberta de seguirmos os falsos deuses. Provar e ver Jesus são atos expulsivos, essa nova afeição expulsa o nosso caso de amor com os ídolos. Jesus tem que ser mais fascinante para nós do que quaisquer novas maneiras de viver. Jesus tem que ser mais atraente para nós do que qualquer oportunidade. Jesus tem que ser mais íntimo para nós do que quaisquer circunstâncias transitórias. Jesus tem que ser mais valioso para nós do que qualquer bugiganga ou brinquedo. Jesus tem que ser mais real para nós do que qualquer autoimagem fugaz ou autorrealização narcisista. Jesus Cristo nos liberta; ele é o único que quebra o poder que os ídolos têm em nossa vida. Deus é fiel para unir o nosso coração dividido a fim de temer o seu nome (Sl 86.11). Os ídolos são mestres cruéis, que exigem nossa lealdade, força, apego emocional e nosso dinheiro. Os ídolos tiram a vida; Jesus dá a vida. Os ídolos nos enganam; a Palavra de Deus é a verdade. O mundo fortalece os nossos ídolos; o evangelho expõe os nossos ídolos. Temos que aprender a discernir os nossos ídolos e, pela graça de Deus, devemos abandoná-los e vê-los tombar. Quando valorizarmos o evangelho e percebermos como Cristo nos liberta de nossos ídolos, transtornaremos o mundo (veja At 17.6).

HÁ SEMPRE UMA EXPECTATIVA QUE PODE SER SATISFEITA

Se realmente soubéssemos todas as expectativas que os outros têm de nós, elas nos paralisariam. Mas há uma expectativa que podemos ter em relação a nós mesmas que nos libertará. Devemos ter a expectativa de sermos sempre dependentes da graça de Deus (e é assim com todos os demais). Quanto mais as nossas falhas e fraquezas puderem nos direcionar para essa grande expectativa, melhor. Ao dirigir-nos para a cruz, nossas fraquezas e deficiências se tornam servas para a nossa alegria em Cristo.

Certa vez, uma mulher se aproximou de mim com esta confissão: "Você me decepcionou tantas vezes e não trabalhou para me agradar como esposa do meu pastor". Fiquei surpresa, embora tenha apreciado sua honestidade brutal. Então, ela continuou: "E agora, estou começando a perceber que você não está aqui para me agradar. Todos nós existimos para agradar ao Senhor". Naquele momento, tive plena consciência das duas maneiras (bem diferentes) que seus comentários poderiam me afetar. Minhas emoções poderiam balançar para lá e para cá, entre o incômodo e a raiva, por causa de sua declaração implícita e audaciosa a respeito de minha vida, ou eu poderia ver isso como uma oportunidade para concordar com ela a respeito de minha inadequação para agradar a todos e da suficiência de Jesus em nossas vidas. Nós duas podemos nos alegrar em Cristo juntas, porque ambas somos totalmente dependentes da graça. Pela graça de Deus, eu disse (intencionalmente): "Bem dito, irmã"! Então nós desfrutamos comunhão em relação a este texto das Escrituras: "Tudo quanto fizerdes, fazei-o de todo o coração, como para o Senhor e não para homens, cientes de que recebereis do Senhor a recompensa da herança. A Cristo, o Senhor, é que estais servindo" (Cl 3.23-24). À medida que relembro essa conversa com minha irmã, a qual poderia ter sido uma pedra de tropeço relacional, sou completamente dominada pela verdade de que no amor não existe medo (1 Jo 4.18). É profundamente edificante ter conversas honestas como essas ao pé da cruz.

Eu tenho que me lembrar desta verdade o tempo todo: não há pessoas agradáveis, nem círculo de relacionamentos exclusivos e nenhum ministério que esteja à altura da comunhão com Deus. Não há presente de homens que se compare com a herança que receberemos de Deus. Há uma eternidade de livre comunhão com Deus bem ali na esquina! Nós temos uma herança que é "incorruptível, imaculada e imarcescível, reservada nos céus para [nós]" (1 Pe 1.4). Nossa igreja e ministério são libertados dos grilhões de existirem para nos fazerem sentir bem, úteis ou importantes. A vida é tão curta, e Deus é tão desejável, por que nós sempre queremos perder tempo transformando coisas boas em ídolos? Ah se pudéssemos manter essa perspectiva resoluta em todos os nossos relacionamentos, expectativas e oportunidades de ministério! O amor de Deus expulsaria todo o nosso medo, libertando-nos para amarmos uns aos outros. E um dia isso será assim — o tempo todo e para sempre. Nossa comunhão com Deus e nossa comunhão uns com os outros serão perfeitas e intermináveis.

"A quem, não havendo visto [Jesus], amais; no qual, não vendo agora, mas crendo, exultais com alegria indizível e cheia de glória, obtendo o fim da vossa fé: a salvação da vossa alma" (1 Pe 1.8-9). Chegará um dia em que seremos finalmente livres da escravidão aos nossos ídolos. Jesus nos dá um vislumbre de como será isso: "Então, dirá o Rei aos que estiverem à sua direita: 'Vinde, benditos de meu Pai! Entrai na posse do reino que vos está preparado desde a fundação do mundo'" (Mt 25.34). Quando virmos a face de Jesus, e ele nos receber em seu descanso, nossas afeições para com os nossos ídolos terão desaparecido para sempre. Até lá, devemos seguir a justiça, a piedade, a fé, o amor, a constância e a mansidão, à medida que combatemos o bom combate da fé, tomando posse da vida eterna, para a qual fomos chamadas (1 Tm 6.11-12). O evangelho nos liberta para desfrutarmos comunhão com Deus (acima de tudo!) e uns com os outros. Há tanta coisa que podemos desfrutar com relação aos nossos irmãos e irmãs, mesmo agora, enquanto ainda lutamos com o pecado — que graça! E em meio a todas as expectativas que vêm dos outros (e de você mesma), espere que a graça de Deus seja sempre suficiente para todas vocês (2 Co 12.9).

Capítulo 3
Permaneça Perto de seu Pastor, Ovelhinha

Há uma piada que diz que se você não souber a resposta de uma pergunta na escola dominical, então, basta responder: "Jesus". Nove em cada dez vezes, você estará certa. Uma vez, enquanto estávamos na fila em uma loja, perguntei à minha filha se ela poderia me ajudar a passar algo para o caixa. Ela deveria estar sonhando acordada, porque quando ela percebeu que eu havia lhe feito uma pergunta, ela deixou escapar sua resposta coringa: "Jeeesus"!

A ideia de priorizar o seu relacionamento com Deus é como a resposta da escola dominical. O nosso coração se pergunta: "Qual é a minha principal prioridade?". "Ame a Deus em primeiro lugar", a resposta da escola dominical irrompe. Nós sabemos isso. Não é uma pergunta difícil de se responder. Quando algo profundo se torna comum como essa resposta, isso pode parecer banal. Mas, na verdade, amar a Deus em primeiro lugar e acima de tudo é a coisa mais cheia de temor e misteriosa pela qual poderíamos nos esforçar. Neste capítulo conclusivo sobre amar o Supremo Pastor, espero lembrá-la da magnitude insondável dessa simples resposta de escola bíblica dominical.

ELE TEM A MIM E A VOCÊ EM SUAS MÃOS, IRMÃ

Seu relacionamento com Deus não acontece por causa de suas obras. Você era a ovelha perdida, e ele, o pastor que lhe buscava. Espalhado por todo o mundo, ao longo dos séculos da história humana, está o rebanho de Deus, que ele de antemão conheceu e predestinou para ser conforme à imagem de seu Filho. Mas vindo a plenitude do tempo, Deus enviou seu Filho, nascido de mulher, nascido sob a lei (Gl 4.4). Esse Filho seria o Bom Pastor das ovelhas. O Bom Pastor não é um mercenário desinteressado que não se importa com as ovelhas, mas apenas com sua própria pele. Ele é o pastor predito em Ezequiel: "Como o pastor busca o seu rebanho, no dia em que encontra ovelhas dispersas, assim buscarei as minhas ovelhas; livrá-las-ei de todos os lugares para onde foram espalhadas no dia de nuvens e de escuridão" (Ez 34.12; veja também vv. 23–24). Isaías falou de sua bondade: "Como pastor, apascentará o seu rebanho; entre os seus braços recolherá os cordeirinhos e os levará no seio; as que amamentam ele guiará mansamente" (Is 40.11).

Jesus jamais perderá qualquer uma de suas ovelhas; ninguém as arrebatará de sua mão (Jo 10.28-29). Ele nos concedeu essa graça antes de nascermos, antes de criar o mundo, na verdade, antes dos tempos eternos (2 Tm 1.8-10). Você acha que amar a Deus foi sua própria ideia, com base na sua própria iniciativa? O seu relacionamento contínuo com o Senhor é sustentado pelo seu interesse em sua Palavra, ou por sua paixão pela oração, ou por sua inclinação para a santidade? Nenhuma dessas coisas são nossas obras — elas são presentes. Se Deus sempre faz o primeiro movimento e termina o que começou, será que ele, então, deixa o meio por nossa conta? A graça nos carrega por todo o caminho. Os pastos verdejantes, as águas tranquilas, a vara e o cajado, o óleo — todas essas coisas são fornecidas pelo nosso Pastor. Deixe que a verdade de sua graça deliberada a console.

Irmã, se o Senhor é o seu pastor, ele não a deixará desprovida. Ele provê em abundância para as suas necessidades e cuida de você nas épocas assustadoras. Todas as coisas de que precisamos nesta terra, ele as fornece todas *e* restaura a nossa *alma*. Não há sombra em nenhum vale tão escuro que a sua Palavra não ilumine. Irmã, você está sendo seguida. "Bondade e misericórdia certamente me seguirão todos os dias da minha vida; e habitarei na Casa do SENHOR para todo o sempre" (Sl 23.6). Mantidas nas firmes mãos de nosso Pastor, somos seguramente dele em todos os momentos e em todas as circunstâncias. Sua constância é Cristo. E no final de todas as coisas criadas, no mais belo paradoxo das eras, o Cordeiro é revelado como o pastor, e ele "os apascentará e os guiará para as fontes da água da vida. E Deus lhes enxugará dos olhos toda lágrima" (Ap 7.17).

VOCÊ NÃO AMA A MANEIRA COMO ELE A AMA?

Uma amiga minha tem uma irmã que sofre de demência. À medida que seu corpo luta contra o envelhecimento e a doença, suas faculdades mentais vão diminuindo num ritmo acelerado. Por causa da doença, ela quase não reconhece mais seus entes queridos e não sabe quem ela é. Há sofrimento e dor indescritíveis nessas circunstâncias, no entanto há esperança e paz em todo esse sofrimento. Embora ela não saiba quem ela é, Deus a conhece. Ela é uma crente — uma pessoa que foi enxertada em Cristo pela fé, por meio da graça. Na ausência de seu autoconhecimento e consciência em relação aos outros, Deus está sempre ciente dela. Feita à imagem de Deus, o seu batimento cardíaco, respiração e ondas cerebrais testemunham a misericórdia de Deus. Ele de antemão a conheceu e a predestinou para ser conforme a imagem de seu Filho, ele a fez à sua imagem, chamou-a para si mesmo, levou-a ao arrependimento e fé, justificou-a pelo sangue de Jesus e a glorificou para sempre, como sua filha adotiva.

A falta de faculdades mentais e diminuição das habilidades físicas — também não podem nos separar do amor de Deus que está em Jesus Cristo. Mesmo quando ela não faz ideia do que está acontecendo, Deus ainda mantém o seu amor por ela a cada segundo de cada dia, agora e para sempre. Ela é completamente *amada*. E seu Salvador é capaz de salvá-la totalmente, pois ele vive sempre para interceder por ela (Hb 7.25). Isso é chocante, porque significa que o amor constante de Deus para com seus filhos não é absolutamente dependente deles. Ele não perde o interesse naqueles que não podem mais manifestar interesse nele. Sua misericórdia não é diminuída devido ao fato de que ela não pode servir, ensinar ou liderar. A fidelidade de Deus é intrinsecamente quem ele é. Ele *é* fiel. Faríamos bem em considerar o que isso significa para a nossa vida e em nos esforçar para lembrarmos disso todos os dias. Precisamos lembrar que a grande visão de Deus para a nossa vida começa com ele e é para a glória dele. Faz sentido que, se quisermos que o nosso objetivo principal seja "amar o Supremo Pastor", então, temos que começar com quem ele é e o que ele tem feito em nosso favor. Quando começamos conosco, ficamos presas em nós mesmas, em nossas peculiaridades, em nossos pressentimentos e nas formas pelas quais preferiríamos que Deus nos amasse.

Comparado ao nosso sombrio amor próprio, o amor de Deus é permanentemente resoluto. Toda a chamada *autorrealização* que procuramos parece insignificante quando comparada ao fato de sermos conhecidas por Deus. A *autossuficiência* se desfaz na presença do Santo, em quem todas as coisas subsistem, e a nossa *justiça própria* fede como uma fruta podre. Quando a luz é lançada sobre a sólida fortaleza da segurança eterna que temos em Cristo, nossa *autoconfiança* sai de fininho para as sombras. Nossa *autodefesa* insegura não tem nada de novo a dizer, porque o nosso Pai celestial está encarregado do nosso departamento de relações públicas. Pelo poder do Espírito Santo, toda a energia absorvida pelo nosso *autoconhecimento* torna-se prontamente disponível ao amor sacrificial, como o de Cristo. Estar ciente dessas realidades espirituais que acontecem em nossa vida é uma fonte de doce alegria.

Nossos corações são fortalecidos pela alegria, Deus é glorificado na nossa dependência dele, e o mundo que nos observa fica curioso acerca da razão da nossa esperança.

O fato de sermos conhecidas e amadas por Deus — sendo achadas *em* Cristo — tem profundas implicações para a nossa vida. Por meio de sua morte e ressurreição, Jesus removeu todos os obstáculos que nos impediam de apreciar Deus para sempre. A eternidade dura eternamente porque precisamos do *para sempre* para experimentarmos e desfrutarmos o amor de Deus. Paulo orou para que Deus nos desse "forças para compreender" o amor de Cristo em toda a sua largura, comprimento, altura e profundidade (Ef 3.18-19). Oh, como ele nos ama!

TODAS AS COISAS SÃO SUAS

Uma — *apenas uma* — das maneiras de Deus nos amar é que ele nos nomeia como herdeiras de seu reino. Considere a vasta magnitude do amor que Deus tem para com aqueles que são dele. Todas as coisas existem para Deus. "Pois, nele, foram criadas todas as coisas, nos céus e sobre a terra, as visíveis e as invisíveis, sejam tronos, sejam soberanias, quer principados, quer potestades — tudo foi criado por meio dele e para ele" (Cl 1.16). "Todas as coisas" abrange uma grande quantidade — precisamente, *tudo*. A feliz soberania de Deus sobre nossa vida, casamento, família e ministério é um combustível para a nossa alegria. Porque a vontade de Deus para a nossa santificação está intimamente ligada à nossa felicidade nele, não temos nada a temer. "O Pai ama ao Filho, e todas as coisas tem confiado às suas mãos" (Jo 3.35). Servimos a um rei irrepreensível, e ele nos ama com um amor eterno. Se Cristo é de Deus e você é de Cristo, então todas as coisas são suas por meio de Cristo (1 Co 3.21-23). Nada na vida e na morte poderá separá-la de seu amor, ele está fazendo com que todas as coisas cooperem para o seu bem (Rm 8.28-39). Este mundo e tudo o que está relacionado a esta vida, sua morte física (que é inevitável), suas circunstâncias atuais (boas e más) e seu futuro (por mais incerto que possa parecer) — tudo está cooperando para o seu bem. Nas mãos de nosso Redentor, essas coisas são servas da alegre esperança, não do desespero fútil. Nas mãos do Deus Todo-Poderoso, todas essas coisas são suas parteiras, estão ao seu lado, ajudando a dar à luz a santidade e a renovação de espírito, mesmo agora, nesta época presente de trevas, antes de o Filho retornar. Todas as coisas existem para Deus, e todas as coisas são suas servas (Sl 119.89-91), usadas neste seu plano de promover o bem do evangelho em sua vida.

Nossa glória em nós mesmas é semelhante a quando meus filhos e eu entramos num elevador com outras pessoas. Invariavelmente, um passageiro colega de elevador se inclina sobre o carrinho e admira o bebê. Uma de minhas filhas diz: "Sim, esse bebê é meu irmão. Ele é meu. Meu irmão. Eu sou sua irmã mais velha". Ela se orgulha dele e fica orgulhosa por ser a irmã mais velha — e eu acho isso maravilhoso. Mas ela não fez coisa alguma para receber seu papel de irmã mais velha. Ele foi dado a ela gratuitamente. Não há qualquer trabalho que ela poderia ter feito para ganhá-lo. Ela só tem que receber a alegria de ele ser seu irmão mais novo e desfrutá-lo, já que ele é um deleite.

Da mesma forma, não temos base para nos gloriarmos em nós mesmas, em nosso papel como esposa de pastor, mãe, professora, empregada, chefe ou no que quer que seja. Não temos base para nos gloriarmos em nossos dons, habilidades, talentos e oportunidades. Não nos gloriamos em qualquer uma dessas coisas, porque não precisamos disso. "Portanto, ninguém se glorie nos homens; porque tudo é vosso" (1 Co 3.21). Deus nos deu tudo para desfrutarmos em Cristo, e ele lhe deu tudo isso gratuitamente por causa de Jesus. " Temos todas as coisas por meio do crédito do seu nome [de Jesus], e, por causa disso, não apenas a nossa indignidade deixou de ser reconhecida por Deus em seu trato para conosco, como o nosso demérito foi substituído pelo mérito Daquele que é total e divinamente perfeito".[1] Portanto, gloriar-nos em coisas, dons, funções e pessoas é em vão. A nossa herança em Cristo Jesus também estabelece uma moratória sobre a inveja. Richard Sibbes disse em seu livro *Glorious Freedom* :

> Nas coisas espirituais não há base para a inveja, a fim de que todos possam participar de tudo. Nas coisas desta vida há inveja, porque quanto mais alguém tem, menos o outro terá. Mas o fato de haver mais participantes das coisas espirituais é uma questão de glória e excelência.[2]

Por causa de Cristo, tudo o que nós conhecemos é graça. Porque todos nós temos recebido da sua plenitude e graça sobre graça (Jo 1.16). No final, nós realmente nos gloriamos. Na verdade, não

---

1 Horatius Bonar, *A Justiça Eterna* (São José dos Campos: Editora Fiel, 2012), p. 80.
2 Richard Sibbes, *Glorious Freedom: The Excellency of the Gospel above the Law* (Carlisle, PA: Banner of Truth, 2000), p. 69.

podemos fazer outra coisa senão nos gloriar. Nós nos gloriamos em nosso irmão mais velho, que deixou a casa de seu Pai para vir e nos buscar, e nos redimir do chiqueiro no qual estávamos atoladas. Nós somos recebidas com alegria e adotadas como filhas na casa de nosso Pai. Antes, nós estávamos mortas, mas estamos vivas outra vez; estávamos perdidas, mas fomos encontradas. Nós nos gloriamos em Deus, que é poderoso para salvar.

AMÉM. VEM, SENHOR JESUS!

Há uma alegre celebração diante dos anjos de Deus por um só pecador que se arrepende (Lc 15.10). A festa de casamento foi agendada desde antes dos tempos eternos, e esperamos por esse dia, porque isso é algo garantido. Amar o Supremo Pastor significa que esperamos por sua vinda e oramos por sua rápida volta. Jesus nos garante em Apocalipse 22.20: "Aquele que dá testemunho destas coisas diz: 'Certamente, venho sem demora'. Amém. Vem, Senhor Jesus"! Mas, enquanto permanecermos aqui, esperando que nosso noivo celestial venha para nós, devemos andar pela fé. Enquanto andamos pela fé, gememos interiormente, enquanto esperamos ansiosamente nossa adoção e a redenção do nosso corpo. Toda a criação, na verdade, tem gemido junto, com dores de parto (Rm 8.22-23).

A imagem de parto sugere um foco urgente e uma expectativa de nossa parte. Se você já experimentou um trabalho de parto espontâneo, então pensar sobre este momento poderá trazer de volta uma enxurrada de memórias (e talvez uma onda de adrenalina). Um benefício psicológico das dores de parto é saber que o corpo está sendo preparado para o nascimento iminente. Quando meu filho mais novo nasceu, quase duas semanas antes do esperado e em apenas alguns minutos de trabalho parto, eu senti falta de ter a preparação mental e emocional para receber o nosso filho e segurá-lo em meus braços. Felizmente, meu marido estava em casa e agiu rapidamente para pegar o bebê e chamar o meu médico e uma ambulância para obter ajuda. Tanto o bebê quanto eu ficamos bem, louvado seja o Senhor! O tempo de recuperação pós-parto foi instável, em parte por causa do choque de dar à luz em condições que eu jamais havia previsto. A graça de Deus foi suficiente para aquela recuperação (e agora nós temos uma história maluca de um bebê nascido em duas contrações).

As dores do parto e o gemido dos quais Paulo fala em Romanos 8 são antecipatórios e estão fazendo aumentar a esperança. Elas nos lembram de que algo está para acontecer, algo está num processo. Não tenho dúvidas quanto a isto: estamos sendo preparadas para algo que dificilmente podemos compreender. Assim como as dores de parto, há um objetivo e um término para o nosso gemido. Gememos na esperança de ver a glória de Deus. Jesus está voltando — *ele está voltando*. Disso podemos ter certeza. Não fazemos esse trabalho em vão. Por ser uma doula, tive o privilégio de acompanhar muitas mães na sala de parto. Lembro-me de uma ocasião, após uma mãe ter experimentado a primeira de muitas contrações musculares vigorosas. Ela olhou para mim e disse: "Isso se tornou real". Seu trabalho, com certeza, era real antes daquilo, mas o início das contrações que a inundaram sinalizou que ela precisava se concentrar. Eu podia ouvir em sua voz e ver em seu comportamento que ela estava pronta — *focada* e *pronta*.

Nós ainda estamos gemendo, sempre na expectativa; entristecidas, mas sempre alegres. Nossos olhos estão em nosso Supremo

Pastor. Enquanto eu termino este capítulo, é época de Natal. Durante esse período, as pessoas no Ocidente são bombardeadas com presépios de nosso Salvador. Talvez você possa ouvir em seu coração as palavras do hino que toca no meu iTunes nesta manhã:

> Ó, vinde, fiéis, triunfantes, alegres!
> Sim, vinde a Belém, já movidos de amor;
> Nasceu vosso rei,
> Lá dos céus prometido.
> Oh vinde e adoremos,
> a nosso Senhor.[3]

Belém, "casa do pão", era o lar do menino pastor chamado Davi, que mais tarde se tornou um rei. Gerações mais tarde, mais uma vez, Belém se tornou o local de nascimento do rei. Esse rei era o pão da vida e o nosso Supremo Pastor.

O Santo, cujo trono é envolto em luz, levou a nossa depravação em seu próprio corpo sobre o madeiro. Sobrecarregado pelo nosso mal, Jesus suportou a ira infinitamente terrível do Pai enquanto recebia o castigo pelo nosso pecado. Na morte de Cristo na cruz, nossa morte decrépita para a alegria também morreu. Pela fé em Jesus, não estamos mais cegas para a beleza de Deus. Nossa alegria em Deus — essa alegria sem fim, de patamar inigualável — foi planejada para nós antes do início dos tempos. Podemos ter a certeza de que essa alegria é nossa para sempre, porque Jesus a comprou explicitamente para nós, com seu precioso sangue. No caminho da graça, não podemos

---

3 John Francis Wade, "Adeste Fideles", século XIII.

fazer qualquer outra coisa senão devolver o amor daquele que nos amou primeiro. Ainda estamos propensas a vagar, mas agora, pelo Espírito que habita em nós, somos livres para nos deleitar no sublime amor de Deus. Agora, Deus está prestes a terminar sua obra que está em curso em nós, tanto o querer como o realizar, segundo sua boa vontade. Em todas as tempestades nas quais o nosso coração se sente abalado e encharcado de desespero, podemos traçar, em meio à chuva, o arco-íris da promessa de Deus com relação à graça futura. Deus está agindo em prol de seus propósitos, e ele nos guardará em meio a toda e qualquer aflição. O vale da sombra da morte é tão escuro quanto profundo, mas o Bom Pastor nos conduzirá confiantemente por ele, até nos levar à nossa herança: o prazer na presença de Deus por toda a eternidade (Sl 16.11).

Esse rei não quer simplesmente o nosso coração. Jesus nos deu vida ao nos dar a sua própria vida na cruz. Transbordando de gratidão, nós lhe devolvemos a vida que ele nos deu. Amamos o Senhor com todo o nosso coração, mente, alma e força. Em uma palavra, devemos amar o Senhor com o nosso *tudo*. Todos os outros amores estão sujeitos ao nosso primeiro amor — o Supremo Pastor.

Parte 2
Amando Seu Marido Pastor

Capítulo 4
Sobre Fazer-lhe Bem (e não Mal)

Nossa minivan roncou na garagem do hotel onde nossa igreja se reúne, e eu pulei para fora e corri para abrir a porta do passageiro. Meu marido saiu da van, acenou para os nossos filhos no banco de trás e desapareceu na multidão, entrando no hotel. Enquanto eu deslizava de volta para o banco do motorista, ria comigo mesma. Nunca imaginei que serviria de motorista para o meu pastor. Eu tinha me inclinado sobre ele para desprender a fivela de seu cinto de segurança, corri em torno da van para chegar à porta dele, antes que os motoristas de trás ficassem impacientes, e entreguei-lhe sua Bíblia e as anotações dos sermões, em um ângulo que ele pudesse facilmente manuseá-las. Sei que parecemos cômicos — as pessoas sempre ficam olhando para nós.

Mas também sei que aquilo que parece embaraçoso para os outros é gracioso aos olhos de Deus. Faço tudo isso porque meu marido precisa de minha ajuda, já que ele sofre de uma doença nervosa que lhe causa dor crônica e deficiências físicas.

Todas nós temos ideias em nossa mente acerca de como queremos servir no ministério. Poderíamos pegar questionários sobre dons espirituais e personalidade, procurando uma lista de tópicos de coisas para fazer ou, pelo menos, uma explicação a respeito da maneira como Deus nos fez. Ao enfrentar uma tarefa de ministério, nós nos perguntamos: "Como eu prefiro ajudar? Deus me criou para fazer o quê"? E buscamos aquela coisa. Mas, às vezes, essa coisa não parece muito com o que imaginávamos. A lista de necessidades do boletim da igreja parece não corresponder com a nossa experiência. O ministério que chega à nossa porta é desconhecido, e nos sentimos mal equipadas. A tarefa à mão é desconfortável ou dolorosa. Ou talvez a oportunidade de amar os outros por meio de um determinado serviço simplesmente não seja tão empolgante como a oportunidade que temos lá, em outro lugar. Pode haver uma diversidade de ministérios nos quais você poderia estar envolvida — ministério com as crianças, ministério com os sem-teto, equipe de música, recepcionistas do estacionamento, estar na equipe que garante que todos recebam seus pratos de volta após o junta-panelas... e a lista continua. Mesmo em meio a todas essas oportunidades para servir, as esposas de homens que estão no ministério têm um chamado e capacitação de Deus para servirem seus maridos. Neste capítulo, espero compartilhar algum encorajamento da Palavra de Deus para incentivá-la no ministério do seu marido.

SOBRE SER UMA AUXILIADORA

"Alguém, por favor, venha me ajudar aqui", gritei da cozinha para onde meus filhos estavam, executando sua atividade noturna de corrida de obstáculos em nosso apartamento.

Meu filho de idade pré-escolar entrou perambulando. "O que *cê* precisa, mamãe?" "Ei, amigo, você pode colocar estas roupas molhadas na secadora"? Eu abri a máquina de lavar para ele esvaziá-la. Depois, eu me virei para abrir a máquina de lavar louças, para que eu pudesse tirar os pratos limpos e guardá-los.

Ao som dos copos retinindo, ele girou sobre os calcanhares e declarou: "Ó, sou um grande ajudador com as louças!".

Uma vez que lidar com copos e facas não é uma boa tarefa para o meu menininho aventureiro, eu não aceitei. "Não, eu quero que você coloque a roupa na máquina de secar. Isso vai ajudar a mamãe".

Mas ele não estava ouvindo coisa alguma, porque a louça era tão brilhante, e as roupas molhadas eram muito chatas. Em sua sinceridade pre-escolar, ele ficou chateado por eu não o deixar esvaziar a máquina de lavar louça. Posso me identificar totalmente com essa situação. Meu coração é igual ao do meu filho. *Eu quero ajudar, realmente quero! Mas, Deus, como o Senhor quer que eu ajude?*

A Bíblia descreve as esposas como "auxiliadoras" de seus maridos. Esse tem sido o nosso papel desde o início, desde a criação. "Disse mais o SENHOR Deus: Não é bom que o homem esteja só; far-lhe-ei uma auxiliadora que lhe seja idônea" (Gn 2.18). "Auxiliadora" é um papel; um papel que Deus usa para descrever a si mesmo. Por diversas razões, há alguns que leem a passagem de Gênesis e rejeitam a ideia de a mulher ser criada para ser a auxiliadora do marido.

Essa é uma suposição baseada em minha experiência limitada, mas acho que o que as pessoas tendem a não gostar com relação a isso é a afirmação de que a mulher é exclusivamente a auxiliadora do marido. Falando por mim mesma, penso em meus próprios momentos de luta com esse mandato da criação, não é tanto porque não quero ser auxiliadora de meu marido. Eu quero ajudá-lo, mas o que me deixa ansiosa é: quem vai *me* ajudar? Meu marido é um plantador de igrejas ocupado, temos quatro filhos pequenos, vivemos numa cultura estrangeira, e meu marido tem problemas físicos que limitam o que ele é capaz de fazer por si mesmo (e pelos outros) fisicamente. Conforme falo com outras mulheres no ministério, descubro que não estou sozinha em meus sentimentos. Geralmente, nos sentimos honradas pelo fato de Deus ter nos unido ao nosso marido e nos separado como "uma auxiliadora idônea para ele". Nós nos deleitamos em servir e abençoar o nosso marido. Mas no início de um longo fim de semana de atividades relacionadas à Igreja, no meio do trabalho ocupado da vida cotidiana e no final de um período exaustivo, se sentimos amargura em nosso coração, então, provavelmente poderemos relacioná-la a esta dúvida: "E eu? Cadê a *minha* ajuda, Senhor"?

Eu tenho aprendido que ter mais ajuda com as coisas da casa, ou ter menos dor física, ou menos pilhas de roupa, dificilmente poderá corrigir um problema que tem a ver principalmente com o coração. Quando a postura do seu coração não é a de uma submissão humilde à vontade soberana do Supremo Pastor, a grama de todo mundo parece mais verde. De onde vem a sua ajuda? De uma agenda mais leve? De uma babá? De uma verba maior? Talvez essas coisas tragam um alívio temporário. Moisés com certeza se beneficiou com os conselhos de seu sogro sobre delegação para aliviar sua carga de trabalho (Ex 18.14). A Bíblia nos diz que nossa ajuda duradoura e definitiva vem do Senhor: "Elevo os olhos para os montes: de onde me virá o socorro? O meu socorro vem do SENHOR, que fez o céu e a terra" (Sl 121.1-2). Você não está sem ajuda em seu ministério com o seu marido.

Considere a incrível ligação entre a instrução, as promessas de Hebreus 13.5-6 e o nosso ministério para o nosso marido:

> Seja a vossa vida sem avareza. Contentai-vos com as coisas que tendes; porque ele tem dito: De maneira alguma te deixarei, nunca jamais te abandonarei. Assim, afirmemos confiantemente: O Senhor é o meu auxílio, não temerei; que me poderá fazer o homem?

O autor de Hebreus chama a atenção para as promessas específicas do Antigo Testamento (Js 1.5; Sl 56.4, 11; 118.6), citando-as e trazendo-as para aplicá-las à nossa vida. Essa lógica é espantosa. Porque o Senhor é o nosso ajudador, não temos medo. E porque Deus promete estar sempre com seus filhos, devemos estar contentes e nos certificar de manter o dinheiro em seu devido lugar. Essencialmente, Deus está prometendo nos dar aquilo de que precisamos. E nós não só temos aquilo de que precisamos, mas também temos alegria no processo. O Pai nos dá o próprio Cristo para ser a nossa confiança e o nosso contentamento. E com o Cristo todo-suficiente e todo-poderoso cuidando de nosso marido, família e ministério, aquilo que *o homem pode fazer* é uma ameaça impotente e vã. "Não há outro, ó amado, semelhante a Deus, que cavalga sobre os céus para a tua ajuda e com a sua alteza sobre as nuvens" (Dt 33.26).

O papel de auxiliadora de seu marido é um papel capacitado por Deus, cheio de alegria, que lhe faz lembrar de continuar olhando para os céus para ter ajuda, à medida que você imita o seu Pai.

MARIDO DE UMA SÓ MULHER

O casamento entre um homem e uma mulher, embora abundantemente debatido na esfera pública no Ocidente nos dias de hoje, nunca foi uma pretensão na maior parte do mundo ou na história da humanidade. Durante uma entrevista para fazer parte da membresia em nossa igreja, um homem contou uma história intrigante sobre como ele havia tido vários relacionamentos semelhantes a casamento com mulheres de diferentes países. Agora, como cristão, ele queria saber qual era a sua esposa e como cuidar dos outros filhos. Um artigo no jornal anunciou uma nova política de uma companhia aérea que dizia "sua quarta esposa voa de graça", em homenagem a um governante de um país vizinho que havia acabado de se casar com sua quarta esposa. Quando meu marido viajou para um país vizinho para ministrar lá, ele trouxe para casa esta anedota interessante: "Cada pastor com quem me encontrei, apresentou-se a mim desta maneira: 'Meu nome é fulano de tal; eu tenho uma esposa, embora tenha muitos filhos'". Nós achamos tão estranho que um homem cristão mencionasse que ele tinha uma única esposa especificamente. Então, um dos membros da nossa igreja, que é daquele país, nos explicou que as regras da gramática inglesa talvez fossem a razão de os pastores dizerem que tinham "uma" esposa (numeral), em vez de "uma" esposa (artigo indefinido). Mesmo assim, naquela parte do mundo, os casamentos monogâmicos reconhecidos pelo estado não são o padrão. Relacionamentos do tipo concubinato, namoradas e outras companheiras femininas são aceitos em muitos lugares. Imagino que deva ser bom para os pastores casados afirmarem que eles são, de fato, legalmente casados com *apenas uma* esposa.

Eu imagino que muitas mulheres que leem este livro podem não ter se casado com um pastor. Talvez você tenha se casado com um ortodontista, que mais tarde foi chamado para o ministério pastoral. Ou você se casou com um comerciante que foi chamado para ser um missionário. Deus é soberano, e ele pode chamar qualquer homem que ele queira para o ministério pastoral e equipar esse homem para fazer a sua vontade. Além da cláusula "uma só esposa, se ele for casado", 1 Timóteo 3 e Tito 1 tem uma lista de quase vinte requisitos para um potencial pastor das ovelhas do Senhor. Mas cadê a lista de qualificações para ser uma *esposa* de presbítero?[1] A eclesiologia baseada nas Escrituras não fornece qualquer descrição explícita acerca do ofício de esposa de pastor, porque não existe tal ofício.

DE CASAIS SEM FILHOS EM CASA A MÃES QUE AMAMENTAM

Mesmo que não haja um ofício formal para as esposas de presbíteros ou pastores, algumas esposas sentem uma pressão para atuarem como "co-presbíteros" ou membros da equipe não remunerada da igreja. Muitas mulheres podem ver as necessidades da igreja e até mesmo sentir um desejo ou pressão para *agirem* com a autoridade de um

---

1 *N do E: na Escritura, os termos "pastor", "presbítero" e "bispo" são usados, muitas vezes, de modo intercambiável. Da mesma forma, esses termos são usados ao longo deste livro, dependendo do contexto e da ênfase da autora.

presbítero ou pastor. As expectativas com relação às esposas de ministros em todo o mundo são tão diversas quanto as culturas e as necessidades das pessoas. Um comitê de pesquisa pastoral disse a uma amiga minha que seus dons seriam "um bônus agradável" para o potencial ministério de seu marido como pastor. Perguntaram a outras esposas em entrevistas pastorais: "Então, qual ministério você liderará se o seu marido for escolhido?". À outra, disseram que a igreja a consideraria uma esposa de pastor eficaz se ela simplesmente lhe permitisse fazer o seu trabalho e "ficasse fora do seu caminho". Precisamos da sabedoria de Deus ao percorrer essas várias ideias sobre o papel da esposa do ministro. A direção do ministério pode assumir muitas formas. Mas por causa da glória de Deus na igreja, há um ministério específico, claramente digno dos esforços, reflexões e orações da esposa de um pastor — o ministério da esposa para com seu marido e sua família.

Afirmando isso negativamente, a esposa de um ministro não deve se convencer de que o ministério ao seu marido e sua família é nominal e inferior quando comparado a outras oportunidades que ela tem de servir na igreja e por meio dela. Uma série de oportunidades maravilhosas de ministério está incluída nessa categoria de ministérios subordinados (os quais, para mim, incluem a escrita deste livro). Claro, uma esposa de pastor deseja fazer tudo pelo reino e usar seus dons, dados por Deus, em conformidade com ele. Ela entende que o Senhor lhe deu tudo, e que ele é digno do tudo o que ela tem. Mas ela não faria a escolha certa se renunciasse a sua responsabilidade, dada por Deus, de servir fielmente seu marido e família, por ter "coisas melhores" para fazer. Nenhuma de nós quer realmente negligenciar ou rejeitar esse ministério principal que Deus certamente escolheu a dedo para nós. Queremos ser fiéis em servir a Deus por meio da edificação do corpo de Cristo, começando pelas necessidades que vemos bem à nossa frente, na mesa do café.

Há alguns anos, o assunto do ministério sazonal foi trazido à tona na mesa do almoço onde eu estava sentada com as esposas de outros presbíteros de nossa igreja. Algumas de nós não têm mais filhos em casa ou ficaram sem os filhos em casa recentemente, ao passo que algumas de nós têm bebês na fase de amamentação. Aquilo que é exigido de nossos maridos em seus cargos varia muito. Esses homens também têm vários graus de capacidades físicas e de saúde para servir. Entre o macarrão mais elaborado e o sanduíche, ficamos maravilhadas com o quão extremamente difícil seria se todas nós, esposas de presbíteros, fôssemos chamadas para a mesma área de serviço formal em nossa igreja. Nossos maridos precisam de nós de maneiras diferentes. Nossas famílias estão em fases diferentes da vida. Nossos diferentes filhos exigem cuidados diferentes. Nossos dons e paixões são todos *tão* diferentes, e todas nós servimos em competências diversas. Mas todas nós compartilhamos um ministério em comum, que é o ministério ao nosso marido — para sermos sua esposa e auxiliadora, com todo o poder de Cristo, que opera em nós de forma tão poderosa. Há tantas áreas com necessidade nas quais poderíamos estar servindo, e nós, de fato, servimos! Em meio a todas as solicitações e pressões, ficamos maravilhadas com a forma como somos chamadas para servir ao lado de apenas um homem, e há um só Deus-homem que serve a todos nós.

COMO POSSO AJUDÁ-LO?

A esposa de um presbítero pode aprender alguma coisa com as outras mulheres na igreja? Será que a esposa do ministro precisa de discipulado? Visto que a esposa do pastor vive sob o mesmo teto que o pastor, ela está acima da necessidade de pastoreio do que outra pessoa? Vivemos as nossas respostas a essas perguntas a cada dia. Eu gostaria de afirmar que, assim como todos os outros membros da igreja, precisamos de discipulado, de cuidado intencional para a nossa alma e de direção no ministério. Na verdade, o ministério de servir ao nosso marido e filhos é tão importante que nós precisamos de ajuda para aprendermos como fazê-lo. Temos uma necessidade de sermos treinadas na área de amar o marido e os filhos, conforme Paulo orientou Timóteo com relação à sua liderança sobre as mulheres mais velhas na igreja de Tito 2.4: "a fim de instruírem as jovens recém-casadas a amarem ao marido e a seus filhos". A necessidade de treinamento e direção implica que amar o marido e os filhos não é algo que vem tão naturalmente quanto gostaríamos de pensar. (Posso ouvir um "Amém"?) Precisamos das mulheres de nossa igreja, a fim de sermos um membro de igreja, esposa e mãe saudáveis.

É claro que nenhuma de nós alegaria estar além da necessidade dessa ajuda de Tito 2. Uma mulher me mandou um e-mail, outro dia, apresentando-se como "uma esposa de pastor em treinamento". Seu noivo estava no seminário e estava ansioso para assumir seu primeiro pastorado uma semana após a formatura, e um mês depois de seu casamento. Às vezes, temos pouca experiência de vida, no casamento e no ministério antes de sermos empurradas para papéis informais de liderança, simplesmente por nos associarmos ao nosso marido.

Muitas de nós são jovens. Algumas de nós são recém-casadas. Algumas de nós estão bem longe de casa. *Nenhuma* de nós terminou a corrida que nos foi designada. *Todas* nós temos necessidade de perseverança (Hb 10.36).

Você pode não ter imaginado ser esposa de um ministro, mas Deus planejou glorificar a si mesmo em você, à medida que confiar nele para todas as coisas. Ele carinhosamente planejou boas obras para que você andasse nelas (Ef 2.10). Confie no Deus que promete ser a sua ajuda e sua força.

Em vez de ceder ao medo quando vemos que somos incapazes e insuficientes, devemos ver nossas fraquezas como oportunidades para dependermos da suficiência de Cristo. Em nossas insuficiências, olhamos para a provisão de Deus, à medida que ele nos direciona para procurarmos mulheres mais velhas com quem podemos aprender a amar nosso marido e filhos. Jesus inspirou Paulo a escrever Tito 2 para que possamos confiar que essas instruções são para o nosso bem e para a glória dele. Esse tipo de humildade e capacidade de ensinar influencia as mulheres na igreja. Certa vez, uma mulher de meia-idade de minha igreja me disse: "Quando vi você orando com ela [uma mulher mais velha], pensei comigo mesma: 'Por que eu não peço para uma mulher mais velha orar comigo?'". Quanto a mim, não é muito difícil perceber que preciso da ajuda de outras mulheres. Isso é muito óbvio! Eu fico enrolada sozinha para os cultos de batismo com nossos quatro filhos sob meu controle, todos querendo dar um mergulho no batistério. É preciso mais ou menos três adolescentes e outras senhoras para me ajudarem com os meus filhos em alguns eventos do ministério, enquanto meu marido está ocupado.

E até mesmo além da ajuda física que os membros da igreja estão ansiosos para dar, há mulheres mais velhas, em minha vida, que enviam mensagens de texto regularmente ou telefonam para perguntar como elas podem orar por nós. Muitas vezes, elas oram comigo bem ali ao telefone, em meio ao dia caótico. Que dom Deus deu à igreja, o de termos necessidade da ajuda e das orações uns dos outros.

Fui abençoada ao ver como as mulheres da minha igreja são instrumentos de Deus para minha santificação. Meu coração pecaminoso se ocupa em criar ídolos de quaisquer fontes que estejam disponíveis. Por exemplo, eu tenho uma relação de amor e ódio com a comparação. Gosto de me comparar com outras esposas quando isso me faz parecer melhor. E odeio me comparar com outras esposas quando isso as faz parecerem melhores. Um ego tão inflado como esse está propenso a explodir em um milhão de fragmentos de autopiedade. Por mais independente e autossuficiente que eu gostaria de ser, tem sido uma bênção aprender com outras mulheres. O exemplo delas é um modelo para mim de que uma mulher que extrai sua força e energia criativa de Deus, "que tudo nos proporciona ricamente para nosso aprazimento" (1 Tm 6.17), não terá falta de qualquer coisa que ela precise para o ministério ao seu marido. É assim que a graça é estimada como sendo gloriosa. "Na verdade, jamais seremos totalmente humilhadas até que a graça seja a glória em nossa autoestima; isto é, até que ela pareça excelente e vitoriosa".[2] Cada família tem necessidades únicas que exigem ajuda e apoio es-

---

2 Sibbes, *Glorious Freedom*, p. 83.

pecíficos, e, pela graça de Deus, ele nos dá tudo quanto precisamos para facilitar essa ajuda.

E por ser "uma só carne" com seu marido, você pode considerar o seu ministério para com ele como parte de um esforço conjunto para ministrar ao corpo de Cristo. Não é que cada um de vocês (singular) tenha um ministério, mas vocês (plural) têm um ministério juntos. Esse pensamento revolucionou minha perspectiva a respeito do ministério, e oro para que ele encoraje você também.

Nos dois capítulos seguintes, desenvolverei ainda mais essa ideia e completarei alguns pensamentos sobre ministrar a um pastor. "Ela lhe faz bem e não mal, todos os dias da sua vida" (Pv 31.12). Afinal de contas, você é a única mulher que ele tem!

Capítulo 5
Apoiando o Bispo

No seminário, um pastor mais velho compartilhou com nossa classe: "Às vezes, vocês terão que limpar o banheiro". Ele estava falando sobre o ministério pastoral, mas não estava se referindo a lidar com o pecado ou a aconselhar uma pessoa por algo horrível. O ministério pastoral certamente envolve essas coisas, mas ele estava falando literalmente de banheiros com pias e vasos sanitários sujos. As igrejas estabelecidas com grandes equipes geralmente delegam uma pessoa para fazer o trabalho de zeladoria, o que abençoa grandemente todos os ali presentes. Pense nisso — você gostaria de se reunir com o povo de Deus num lugar onde o banheiro fosse negligenciado? Provavelmente não. O pastor estava argumentando que os bispos, entre outras coisas, supervisionam, de certa forma, tudo. Inclusive a pia do banheiro.

Não é necessário dizer que uma característica do ministério pastoral é o trabalho de pastoreio. Mas talvez seja necessário dizer isso, porque nós também lutamos com a dificuldade em discernir os papéis do ministério pastoral, assim como a igreja primitiva (At 6.1-6). Os apóstolos enfrentaram uma tarefa esmagadora de serviço que foi sabiamente delegada a outros líderes entre eles, os quais eram chamados de "diáconos". "Quanto a nós, nos consagraremos à oração e ao ministério da palavra" (At 6.4), decidiram os doze apóstolos. As tarefas de ministério são delegadas à medida que as igrejas crescem e amadurecem, e, às vezes, os líderes podem precisar limpar os banheiros. Não resta dúvida de que, nos primeiros meses de implantação de nossa igreja, meu marido acabou fazendo o ministério do 'papel higiênico', verificando os banheiros antes dos encontros de junta-panelas para se certificar de que tudo estava em ordem.

Perto do fim de sua vida, Paulo listou os sofrimentos que havia suportado por causa do evangelho, então ele disse: "Além das coisas exteriores, há o que pesa sobre mim diariamente, a preocupação com todas as igrejas". (2 Co 11.28). O sofrimento, a prioridade da oração e pregação, e, "além das coisas exteriores", a pressão diária! À medida que o nosso marido-ministro "aperfeiçoa os santos para o desempenho do seu serviço" (Ef 4.12), precisamos estar ao seu lado e, especificamente, apoiá-lo em sua vocação específica. Para que não sintamos que a nossa dignidade é diminuída em nosso chamado para ser uma auxiliadora, precisamos nos lembrar de que ao ministrar ao nosso marido, nós conjuntamente ministramos à igreja, o que é um serviço para o Senhor. Ao redor do mundo, todas nós enfrentamos desafios diferentes. O que temos em comum, entretanto, é o autor e consumador da nossa fé, Jesus

Cristo. Então, como a esposa pode ministrar ao seu marido, à medida que ele enfrenta a pressão diária de ansiedade com relação à igreja? Creio que uma das maneiras de aprender a fazer isso é olhando para o que a Palavra de Deus diz acerca das características de um pastor e de suas tarefas.

Uma passagem para começarmos a procurar maneiras específicas de ministrar ao nosso marido é a lista de qualificações do presbítero/pastor em 1 Timóteo 3 e Tito 1. Para que não pensemos que devemos ignorar essas passagens porque elas se aplicam diretamente aos homens, devemos fazer uma pausa para reflexão a fim de alcançarmos um coração sábio. Porque toda a Escritura é inspirada por Deus e útil para a nossa edificação e encorajamento, podemos admitir que existem repreensões e instruções para aplicarmos a partir dessas passagens.

Depois de lermos que o presbítero/pastor em potencial (se for casado) deve ser "marido de uma só mulher" (1 Tm 3.2; Tt 1.6), vemos que, se ele aspira a essa nobre tarefa, é porque ele deve ter um caráter nobre. Mas o que é exclusivo acerca dessa lista combinada de quase vinte traços de caráter é que eles não são realmente exclusivos. Tire algum tempo para analisar essas qualidades e veja por si mesma. Não são esses os traços aos quais cada homem cristão deve aspirar, pela graça de Deus? Mas uma qualidade é peculiar ao presbítero/pastor, e eu irei falar mais sobre ela em breve.

QUE GOVERNE BEM A PRÓPRIA CASA

Não temos espaço para discutir cada um desses traços de caráter, mas há alguns que eu gostaria de destacar. Uma das primeiras coisas que se destacam nessa lista é que um presbítero "governe bem a própria casa, criando os filhos sob disciplina, com todo o respeito" (1 Tm

3.4). Essa é uma tarefa confiada aos homens cristãos em todo o mundo. Ela é aplicável globalmente a todos os maridos cristãos, em todos os tempos e épocas. Liderar bem sua família é algo ao qual todo marido cristão deveria aspirar, desde o interior do Kênia e metrópoles urbanas na Península Arábica até o meio-oeste suburbano americano. As famílias podem parecer diferentes ao redor do mundo, mas essa tarefa continua sendo um princípio bíblico para os maridos cristãos de toda parte aplicarem.

Mas, talvez, em nenhum momento na história do cristianismo essa tarefa tenha sido exposta a tanto desprezo público quanto hoje. Mesmo nos círculos cristãos, o conceito da liderança do marido sobre sua casa é visto, muitas vezes, com ceticismo. Efésios 5.20-23 é geralmente visto como irrelevante para a família moderna. A vocação dos maridos cristãos para serem o cabeça auto-sacrifícial de sua família é decapitada pela ideia de que não há cabeça algum num casamento onde homens e mulheres são iguais. No entanto a Palavra de Deus continua verdadeira — o marido é o cabeça da mulher, como também Cristo é o cabeça da igreja, e homens e mulheres são iguais como pessoas, embora tenham recebido papéis diferentes e complementares. Somente a Palavra de Deus nos dá a base para compreendermos como essas duas afirmações podem ser verdadeiras ao mesmo tempo.

Como a esposa de um ministro se vê à luz dessa palavra? Como ela poderia viver fielmente em submissão ao seu Criador, que a projetou para se submeter à autoridade sacrificial e amorosa de seu marido, como se submetesse a Jesus? Famílias em todo o mundo devem ser reorganizadas pela graça do evangelho, a fim de viverem como aqueles que são cidadãos de um reino celestial. Neste mundo doente pelo pecado, onde até mesmo os crentes pecam uns contra os outros, considerar o plano de Deus para o casamento é uma tarefa para os fracos *somente*. É *apenas* para os fracos, porque os orgulhosos, com certeza, tropeçarão na humildade que leva a buscar a ajuda de Deus para o casamento. Precisamos do Espírito de sabedoria e revelação, no pleno conhecimento de Deus, para iluminar os olhos do nosso coração, para que possamos saber qual é a esperança do nosso chamamento, e qual é a riqueza da glória da sua herança nos santos, e qual a suprema grandeza do seu poder para com os que creem (Ef 1.17-19). Quando entendermos quão débil é a nossa força, poderemos depender da graça de Deus para discernirmos o seu chamamento em nossas vidas. Homens e mulheres humildes sentem sua necessidade de graça de forma mais intensa que os orgulhosos. Que Deus nos conceda essa humildade.

Nós não estamos sozinhas em nossa busca para vivermos da forma como Deus designou. Essa esperança, essa herança do reino e esse poder estão de acordo com a obra que ele exerceu em Cristo, ressuscitando-o dentre os mortos (v. 20). E esse Cristo, a quem servimos, não apenas ressuscitou dentre os mortos, mas Deus o fez sentar-se à sua direita nos lugares celestiais, acima de todo principado, e potestade, e poder, e domínio, e de todo nome que se possa referir não só no presente século, mas também no vindouro (v. 21). É esse Cristo que nos criou, e é esse Cristo a quem servimos. Quando falamos sobre "papéis", não estamos falando de papéis numa peça teatral, mas de uma metanarrativa cósmica, tecida para o louvor da glória de Deus.

Devemos nos submeter a Cristo, que é o Senhor de todas as coisas — todas as coisas foram postas debaixo dos seus pés e, para ser o cabeça sobre todas as coisas, o deu à igreja, a qual é o seu corpo, a plenitude daquele que a tudo enche em todas as coisas (vv.22-23). Para o louvor da glória de Cristo, as esposas se submetem a seu marido, como a Cristo. A submissão da esposa ao seu marido não é simplesmente uma imagem da submissão da igreja ao cabeça, Cristo. Nossa submissão obediente, como a Cristo, é, em parte, cumprimento do plano de Cristo de ter sua plenitude preenchendo tudo em todos em seu reinado como rei sobre o cosmos. Essa revelação do evangelho não é uma realização insignificante ou circunstancial de um cristianismo cultural. Não é apenas uma elaboração social concebida para administrar os lares de forma mais prática (ou seja, alguém tem que se responsabilzar por ele). Isso faz parte do plano de Deus de glorificar seu Filho, de uma forma que não podemos sequer imaginar, porque somos finitos e caídos. Há um público invisível observando a glória de Deus encher todas as coisas.

Essa deve ser a graça retumbante que reverbera no coração de uma mulher. Seu casamento não é apenas uma parceria para tornar a vida mais suportável e menos solitária. Seu casamento não é apenas um meio de procriação num contexto socialmente (atualmente) aceitável. Seu casamento não é apenas um meio de realização pessoal e ganho financeiro ou material colaborativo. A submissão da esposa a Jesus, ao submeter-se ao seu marido, é uma bandeira de vitória que ela agita à medida que Jesus avança com o seu reino. O desprezo da modernidade não se compara com o prazer em Deus à medida que nos submetemos ao nosso marido conforme eles nos lideram, lavam nos com a Palavra e morrem diariamente para si mesmos por nossa causa. Nossa submissão a Jesus com o coração contente é um terror para todo principado, potestade, poder e domínio que ouse levantar sua cabeça feia em rebelião ao único e verdadeiro cabeça. "Veja o quanto ele nos ama!", nós dizemos enquanto consideramos a cruz que ele suportou em nosso lugar, e seguimos sua liderança com alegria.

Com certeza, um presbítero "governa bem sua própria casa" com maior estabilidade e confiança quando sua esposa o apoia — apoia a ele, a sua liderança na família e sua liderança na igreja. Mas além de "apoiar", acima de qualquer outra coisa, a esposa de um pastor primeiramente se submete ao governo amoroso do Rei ressurreto. Com relação a isso, a esposa do ministro tem um papel prático, direto e estratégico no potencial de seu marido para pastorear o rebanho de Deus. Muitos estudos bíblicos para mulheres discutem como se tornar uma mulher como a de Provérbios 31. *Mulher virtuosa, quem a achará?* Esses estudos também fariam bem se advertissem as mulheres para não se tornarem uma mulher como a de Provérbios 21:

> Melhor é morar no canto do eirado
> do que junto com a mulher rixosa na mesma casa....
> Melhor é morar numa terra deserta
> do que com a mulher rixosa e iracunda.
> (Pv 21.9, 19)

Gosto de brincar com meu marido que quando eu sou uma mulher rixosa e iracunda, ele está com um problema *duplo*. Nosso lar fica menos do que habitável *e* nós vivemos num deserto escaldante. Só a graça de Deus pode impedir que uma mulher se torne o denominador comum da dissensão em sua casa e, em vez disso, esforce-se pela unidade e paz. Somente a misericórdia mostrada a nós na cruz pode nos inspirar a edificar o nosso lar sob a liderança de nosso marido para a glória de Cristo.

APTO PARA ENSINAR

A qualidade peculiar de um presbítero/pastor é que ele deve ser "apto para ensinar" (1 Tm 3.2). Pode ser tentador ver-se como impotente quando se trata de auxiliar seu marido em sua capacidade de ensino. Desde que nos casamos eu me pego vagando em torno da área nebulosa do: "Compartilho com ele minha opinião sobre o seu sermão? Devo esperar? Como dizer isso? Criticar esse ponto será útil para o nosso casamento?".

Agora parece bem engraçado para nós, mas nunca vou esquecer o sentimento de vergonha e horror quando percebi que o tradutor de meu marido se atrapalhou com uma ilustração do seu sermão sobre o pecado. Em essência, por meio do tradutor, meu marido disse a uma congregação que o frango de seu jantar tinha gosto de comida de cachorro. Não havia onde eu me esconder naquele momento. Estarmos sujeitos a falhas de comunicação como aquela, no início do nosso ministério, tornou mais fácil sermos humildes mais tarde. Anos mais tarde, em nosso trabalho de implantação de igreja, meu marido, sem saber, disse algo em seu sermão que ofendeu todos os australianos presentes, uma expressão que é inofensiva no inglês americano, mas grosseira e indecente no dialeto australiano. Felizmente, alguns australianos se aproximaram de Dave após o culto e lhe avisaram discretamente que ele faria bem em não dizer aquelas palavras novamente no púlpito. Dave foi alegremente perdoado pelo seu erro. "Não foi nada, companheiro!" A igreja, noiva multiétnica de Cristo, é bela, e ela também é graciosa e afável.

A maioria das esposas de ministros não tem um conhecimento abrangente de todas as culturas para dar uma opinião ao marido sobre como as palavras dele serão recebidas. Podemos não ter treinamento em gramática para pegar os erros dos sermões e lições. Podemos não ter lido volumes de teologia sistemática para oferecer uma crítica teológica. Podemos não ter tempo para sentar no porão todo domingo de manhã, antes do amanhecer, e ouvir o nosso marido praticando seu sermão (como uma de minhas amigas faz). Mas nós podemos apoiá-los em seus esforços guiados pela graça para serem capazes de ensinar a Palavra de Deus. A fim de não cedermos à tentação de ficarmos entediadas com sermões toda semana, devemos lembrar o que é a pregação.

PREGUE A PALAVRA

Nenhuma de nós pode concluir com autoridade o que Deus está fazendo em nossa vida. Mas queremos saber, não é mesmo? Nós anelamos por uma palavra de Deus para esclarecer o que ele quer que façamos ou para nos confortar, porque não sabemos o que ele está fazendo. As pessoas em nossas igrejas e comunidades se voltam para aqueles que estão no ministério para ouvir sobre a vontade e o caráter de Deus. Eu já ouvi algumas pessoas pedindo ao meu marido: "Pastor, dá-nos uma nova palavra do Senhor". Elas olham decepcionadas quando ele lhes aponta as Escrituras e diz: "Estas palavras têm milhares de anos, e a Bíblia ainda fala hoje". Gostaríamos de aproveitar a chance de ouvir Deus falar conosco, mas somos muito lentas para abrirmos a Bíblia e acreditarmos que sua Palavra escrita é suficiente para renovar a nossa mente de modo que possamos pensar corretamente sobre o que ele está fazendo.

Os céus proclamam a glória de Deus (Sl 19.1-6), mas as nuvens não podem falar sobre a vontade de Deus, de acordo com a qual o salmista ora para ser perdoado e santificado. As pessoas de nossas igrejas e comunidades, e, na verdade, *todos* nós precisamos da Bíblia para nos revelar nossa cegueira, impotência e culpa induzidas pelo pecado. Por mais inspirador que possa ser, a majestade de um pôr do sol não nos fala sobre a cruz, onde o Filho de Deus foi crucificado em nosso lugar. Nós precisamos da Bíblia para nos falar sobre os remédios de Deus para o nosso pecado, o obstáculo mais mortal para a nossa comunhão com ele.

Você anela por uma comunicação pessoal e legítima vinda de Deus? Ela está revelada em sua Palavra, a Bíblia. Eu tenho visto olhos embaçados de lágrimas quando as mulheres percebem isso pela primeira vez. Lembro-me de uma mulher que, em um estudo bíblico segurava uma tradução malaia da Bíblia em suas mãos, ela disse: "Não posso acreditar. Ele está falando*! Comigo.* Através *disto*". Que misericórdia nos foi demonstrada — que o Criador, aquele que nos trouxe à existência, fale conosco, sua criação humilde. Valorizamos sua Palavra, acreditando que não podemos viver só de pão? Temos o privilégio gracioso de receber o alimento da Palavra de Deus junto com nossos irmãos e irmãs. Talvez, sendo esposa de um ministro, você tenha o privilégio de estar sob o ensino de seu marido, enquanto ele cumpre seu chamado para anunciar a Palavra poderosa de Deus, que opera maravilhas. Leia as palavras de Paulo a Timóteo com relação a essa tarefa:

> Conjuro-te, perante Deus e Cristo Jesus, que há de julgar vivos e mortos, pela sua manifestação e pelo seu reino: prega a palavra, insta, quer seja oportuno, quer não, corrige, repreende, exorta com toda a longanimidade e doutrina.
> (2 Tm 4.1-2)

A proclamação da Palavra de Deus faz coisas na vida das pessoas que nós temos dificuldades de compreender. A obra da Palavra é sobrenatural, cultivando frutos e incitando o louvor de todo o céu. Deus ordena a sua Palavra para realizar com eficácia a sua ordem, por meio da pregação. Almas são ressuscitadas, corações são fortalecidos, os santos são consolados, e o pecado é exposto (para citar apenas alguns efeitos dela). A pregação da Palavra de Deus não é simplesmente para acumular informações; ela é um banquete para a alma.

Quando pensamos na importância da Palavra de Deus, não podemos deixar de pensar *por que* é tão importante que o povo de Deus a compreenda:

> Acompanhe esta metáfora pastoral um pouco mais: As ovelhas de Israel eram criadas, alimentadas, cuidadas, recupe-

radas, curadas e restauradas — para o sacrifício no altar de Deus. Este objetivo de todo o trabalho pastoral jamais deve ser esquecido: que o seu alvo final é levar o povo de Deus a oferecer a si mesmo a ele, em total devoção de adoração e serviço.[1]

A Palavra de Deus é o maior conforto que temos para oferecer num funeral; a mensagem mais poderosa que podemos dar a alguém em escravidão; e a espada mais afiada que podemos manejar na batalha contra o diabo. "Ser apto para ensinar" significa que alguém é um obreiro aprovado, que sabe como ajudar outras pessoas a entenderem a gravidade daquilo que Deus nos diz na Bíblia. Não é de se admirar que os apóstolos sentissem um senso de urgência para se dedicarem à oração e ao ensino da Palavra de Deus. Assim como eles, nós afirmamos a importância de os pastores pregarem a Palavra de Deus, orando para que o Espírito de Deus use suas línguas pobres, balbuciantes e gaguejantes com ousadia para pregar o evangelho.

PERSEVERANDO COM OS PREGADORES

Louve a Deus porque o fardo de sustentar a fé de seu marido não está sobre você. O próprio Deus selou todos os crentes com o Espírito Santo, que é uma garantia da nossa herança até que a obtenhamos. Aquele que começou a boa obra em você e em seu marido continuará a completá-la com eficácia para o louvor da glória de sua graça (Ef 1.1-6).

---

1 William Still, *The Work of the Pastor* rev. ed. (Rossshire, UK: Christian Focus, 2010), p. 17.

Isso significa que você está livre. A graça a leva adiante e liberta-a para ser uma auxiliadora alegre para o seu marido. A graça a capacita a amar — tudo crendo, tudo esperando e suportando tudo. A graça também a estabelece firmemente no alicerce da fidelidade de Deus, e não nos tempos instáveis do ministério. Pela graça, você pode sentar-se sob a pregação da Palavra de Deus feita por seu marido, sabendo que Deus é engrandecido quando ele usa nossos frágeis vasos de barro para mostrar o seu poder. Essa confiança contínua no Senhor é cultivada no coração à medida que nos saturamos da Palavra de Deus. Quando você lê a Bíblia, você reconhece a majestade do Deus que está falando com você e treme diante dela? Ao lermos e estudarmos a Palavra de Deus, devemos esperar que nós podemos e, de fato, encontraremo-nos com Deus.

Enquanto você pede a Deus para preparar o seu marido para pregar a cada semana, peça-lhe que prepare o seu coração para ouvir. Algo com o que pessoalmente luto é prestar atenção ao sermão enquanto meu marido prega, principalmente se eu já tiver ouvido a pregação antes. Meu marido anda de um lado para outro em nosso quarto e no banheiro, praticando seu sermão um dia antes de nos reunirmos para a adoração coletiva. Também ouço meu marido falar todos os dias ao longo da semana.

Quando estamos habituadas a ouvir a voz de alguém o tempo todo, é fácil ignorá-la, mesmo quando não desejamos fazê-lo. Ore para que Deus lhe dê a graça de que você precisa para fazer esforços intencionais a fim de se envolver no sermão enquanto seu marido está pregando. Amo a forma como as senhoras de minha igreja apoiam os meus esforços para ser uma aprendiz ao lado delas, enquanto elas discutem o sermão umas com as outras durante o almoço, após o culto de adoração.

Ao lermos a Palavra de Deus, encontramos muitas coisas específicas pelas quais devemos orar com relação aos presbíteros e pastores, e elas são um recurso abundante para as orações pelo seu marido. A oração clama para que as provisões do céu desçam para fazer a obra do Senhor aqui na Terra. John Piper comparou a oração a "um rádio comunicador nos tempos de guerra".[2] Embora a liderança de nosso marido numa reunião no gabinete ou sua saída numa simples manhã de terça possam não parecer como se ele fosse para a sepultura, somos lembradas pela Palavra de Deus de que essas batalhas são essencialmente espirituais. Ore para que seu marido possa "participar dos sofrimentos como bom soldado de Cristo Jesus" (2 Tm 2.3) e para que ele evite "envolver-se em negócios desta vida, porque o seu objetivo é satisfazer àquele que o arregimentou" (v. 4). Nos esforços dele para servir com essa devoção resoluta, ore para que seu marido possa "lembrar-se de Jesus Cristo, ressuscitado de entre os mortos, descendente de Davi, segundo o meu evangelho; pelo qual estou sofrendo até algemas, como malfeitor; contudo, a palavra de Deus não está algemada" (vv. 8-9).

Paulo diz que o seu compromisso de continuar pregando o evangelho diante do sofrimento e da dor existe porque há irmãos e irmãs no Senhor que ainda não responderam ao chamado de Deus no evangelho. "Por esta razão, tudo suporto por causa dos eleitos,

---

2 John Piper, "Prayer: The Work of Missions", mensagem de conferência (29 de julho de 1988) disponível em http://www.desiring god.org/conference-messages/prayer-the-work-of-missions.

para que também eles obtenham a salvação que está em Cristo Jesus, com eterna glória" (v. 10). Por que seu marido-pastor persevera na pregação do evangelho mesmo quando parece que ninguém se importa, ou quando parece que as pessoas prefeririam ouvir outra coisa, ou quando ele é ridicularizado por isso? Há uma teimosia santa que obriga um ministro a continuar anunciando a boa-nova diante da oposição. Ele prega na escuridão, porque um irmão ou uma irmã ainda poderá ouvi-lo e responder com fé e arrependimento. A nossa família ainda não está toda reunida no aprisco. Receba um grande conforto da promessa de Jesus em João 10.16: "Ainda tenho outras ovelhas, não deste aprisco; a mim me convém conduzi-las; elas ouvirão a minha voz; então, haverá um rebanho e um pastor". Nós não pregamos o evangelho em vão ou em um vácuo.

Mesmo que os soldados sofram perdas e suportem dificuldades, é com uma esperança e expectativa jubilosa que nós oramos por nosso marido em seu trabalho de soldado do evangelho. Será que essa ideia a espanta (mesmo que seja um pouco)? No meio da digitação desta seção, senti que precisava achar alguma coisa para "beliscar nervosamente". Os conflitos causados pela pregação do evangelho são assustadores, e eles são reais. Os conflitos causados pelos nossos pecados, ego, mal-entendidos e pelas nossas emoções também são assustadores e reais. Se essa realidade faz com você se sinta nervosa por causa do seu marido, de sua família ou de sua igreja, então eu arriscaria dizer que isso significa que você é humana. A dor machuca. Perseverar em meio ao conflito pode ser agonizante. Mesmo assim, temos uma ajuda muito real e próxima no Senhor Jesus, que prometeu que estaria conosco até o fim dos tempos.

As promessas de supervisão e onipresença que Jesus fez em sua Grande Comissão são nossas, para crermos de todo o coração (Mt 28.18-20). Se Jesus está conosco até o fim dos tempos, e se toda a autoridade foi dada a ele, então, com certeza, ele está conosco à medida que procuramos apoiar nosso marido-pastor. E, certamente, Cristo recebe louvores à medida que trabalhamos e lutamos com toda a força dele, a qual age poderosamente em nós.

Capítulo 6
Então Você se Casou com o Homem que Casa Pessoas

Sendo esposas de ministros, às vezes sentimos que somos as únicas a sermos desafiadas em nossos esforços para servir nosso marido, família, igreja e a Deus. Posso humildemente lhe dizer que *toda* mulher provavelmente se sente assim? Você não está sozinha. Dito isso, posso também encorajá-la alegremente com o fato de que Jesus *conhece* as suas circunstâncias desafiadoras e que ele a *ama*?

Certa manhã, quando nossa igreja estava reunida para o culto, eu me sentei na parte de trás do salão, com outras mães segurando bebês bem pequeninos. Após o culto de adoração, eu estava conversando com uma mãe de primeira viagem que me disse que ela se sentiu derrotada após ter passado a manhã toda cuidando de sua filha recém-nascida, enquanto tentava participar do culto. Ela disse: "Eu me pergunto se o esforço que fiz para chegar aqui valeu a pena. Isso é tão difícil". Posso compreender totalmente os sentimentos dela, e eu disse isso a ela. Depois, com o canto do olho, notei outra mulher que estava ao lado, conversando com as pessoas. Eu sei que essa irmã também enfrenta circunstâncias difíceis para participar da adoração coletiva. Ela não compartilha seu nome verdadeiro com as pessoas por razões de segurança; sua vida está em perigo por causa de sua lealdade a Jesus. Cada vez que se reúne com outros crentes, ela ora por proteção para si e para os outros.

Em nossa relação de amor e ódio com a comparação de nós mesmas com os outros, somos tentadas a avaliar aquela cena com um ar de desprezo em relação à mulher cujos desafios parecem comparativamente triviais. Mas ambas as mulheres enfrentam desafios *reais*, e ambas as mulheres recebem a *verdadeira* força e graça de Jesus. Quando estamos preocupadas com as circunstâncias, não percebemos a *verdadeira* graça que está disponível para nós. E não há nada de trivial em precisar da graça ou em recebê-la. Conforme reconhecemos que todas nós estamos nessa situação global de necessitar da graça e de recebê-la de Jesus, vemos uma oportunidade de nos conectar com outras mulheres e de lembrá-las da graça da qual *todas* nós precisamos. À luz disso, percebemos que, na função de esposas de ministros, não estamos tão distantes das outras mulheres de nossa igreja. As diferentes épocas e circunstâncias da vida que parecem desvendar o nosso potencial para relacionamentos com nossas irmãs em Cristo, são, na verdade, ocasiões para percebermos que somos todas iguais.

Passageiros de companhias aéreas são orientados, em caso de necessidade do uso de máscaras de oxigênio, a colocarem suas próprias máscaras antes de ajudarem as pessoas vulneráveis. Da mesma maneira, precisamos experimentar a graça de Deus antes de direcionar outros a ela. Neste capítulo, espero explorar ainda mais as maneiras específicas pelas quais a graça nos conduz.

BOM TESTEMUNHO DOS DE FORA

O ruído branco é constante, quer nós conscientemente o escutemos ou não. É assim também com a nossa reputação. No contexto das pessoas ao nosso redor, mantemos a nossa reputação e incorporamos as suposições que as pessoas fazem de nós. Você pode achar que isso é uma coisa boa ou uma coisa má, mas todas nós devemos ao menos reconhecer que isso é uma "coisa". E eu diria que essa coisa é algo que Deus pretende destacar para a sua glória na igreja. Observe a descrição de um presbítero, a qual Jesus inspirou Paulo a escrever, em 1 Timóteo 3:

> Pelo contrário, é necessário que ele tenha bom testemunho dos de fora, a fim de não cair no opróbrio e no laço do diabo.
> (1 Tm 3.7)

Preciso dizer que esse alegre fardo de ter uma boa reputação no meio dos não crentes é algo que Jesus quer e está disposto a carregar por você, e ele é capaz de fazê-lo. Meu objetivo neste momento é mostrar que 1 Timóteo 3.7 descreve apenas outra forma estratégica pela qual Deus é glorificado entre as nações.

Sendo uma mulher num país estrangeiro, enfrento cenários sociais interessantes. Não há dúvidas de que, mesmo vivendo em seu país de origem, você enfrenta situações semelhantes, nas quais você não tem certeza do que fazer ou de como se comportar. Por exemplo, nesta cidade global, cheia de homens de origens e contextos religiosos diferentes, nunca estou certa sobre como cumprimentá-los. Devo me envolver numa conversa com o porteiro do nosso prédio? Devo apertar a mão do funcionário do governo que me ajudou a organizar alguns documentos? É apropriado fazer contato visual com homens quando passo por eles no corredor, como eu faria naturalmente em meu país de origem? Nesta região do mundo, principalmente, as pessoas veem as mulheres como se estivessem *incorporadas* aos homens que são suas autoridades (seja pai, irmão ou marido); portanto, eles veem o meu comportamento como um reflexo direto do caráter e da integridade de meu marido. Recordo as instruções de Efésios 4.10 para vivermos de modo digno do evangelho. Apenas por estar escrevendo isso, eu posso sentir o peso da minha responsabilidade em agir de forma honrada. Como a graça e a fé afetam a forma como eu penso a respeito disso?

Sendo esposa de um ministro, você sabe que olhos a estão observando. Alguns podem estar procurando um motivo para difamá-la, outros estão à procura de um exemplo para seguir, e alguns estão simplesmente curiosos. Os olhos dos de fora, conforme descrito em 1 Timóteo 3.7, podem estar à procura de todas as três coisas. Uma vez que a nossa reputação é como um ruído branco, essa qualificação do presbítero faz parte da nossa vida diária, quer percebamos isso ou não. E assim como todas as demais coisas em nossas vidas, a nossa reputação e a reputação de nosso marido é algo que temos de confiar alegremente ao Senhor. Não se lamente ou fique ansiosa por coisa alguma, mas lance sobre ele toda a sua ansiedade, porque ele tem cuidado de nós (1 Pe 5.7). O mesmo Jesus cuja Palavra inspirada diz: "Portai-vos com sabedoria para com os que são de fora; aproveitai as oportunidades" (Cl 4.5) e "portanto, vede prudentemente como andais, não como néscios, e sim como sábios, remindo o tempo, porque os dias são maus" (Ef 5.15-16.) é o mesmo Jesus que se tornou para nós sabedoria: "Mas vós sois dele, em Cristo Jesus, o qual se nos tornou, da parte de Deus, sabedoria, e justiça, e santificação, e redenção" (1 Co 1.30). Apreendemos a sabedoria de Cristo pela fé, por meio de sua Palavra poderosa e suficiente. Algumas de nós necessitam de sabedoria? Que ela peça a Deus, que a todos dá liberalmente e nada lhes impropera; e ser-lhe-á concedida (Tg 1.5). Deus é capaz de nos ajudar! "Por isso, também não cessamos de orar por vós, para que o nosso Deus *vos torne dignos da sua vocação* e cumpra com poder todo propósito de bondade e obra de fé" (2 Ts 1.11).

A sabedoria de que precisamos para viver vidas corretas vem gratuitamente de Cristo, que nos deu sua Palavra. O sopro de Deus soprou as Escrituras, e sua Palavra é o que nos traz força e paz, e nos equipa para o serviço (1 Tm 3.16). Você é tentada a se focar em você como sua própria gerente de relações públicas? A Palavra de Deus exige que tenhamos o nosso foco em quem Deus é e no que ele tem feito. Na Palavra de Deus, lemos que sua glória é de suma importância. Então, com coração alegre, pela sua graça, deixemos que sua Palavra habite em nós ricamente (Cl 3.16). E sua provisão de sabedoria irromperá em nossos corações em gratidão a Deus.

HOSPITALEIRO

Há outra qualificação de presbítero mais intimidadora para uma esposa do que esta? "É necessário, portanto, que o bispo seja... hospitaleiro" (1 Tm 3.2). Na região do mundo onde moro, não é incomum que todos — homens, mulheres e crianças, sem distinção — abordem qualquer mulher como "mamãe". Quer ela tenha filhos ou não, a mulher é vista nesse papel de acolhedora em todos os seus relacionamentos. Eu nunca vou esquecer minha surpresa, alguns anos atrás, quando abri a porta lateral de nossa casa e vi a equipe de manutenção do proprietário sentada nos degraus, descansando na sombra, após uma manhã de trabalho. Um dos homens se levantou e disse: "Mamãe, é hora do almoço". Eu mandei alguém rapidamente para a lanchonete mais próxima para pegar um lanche quente para os homens. Imagine as implicações de um lar hospitaleiro para "acolhimento e provimento" *versus* "divertimento e exibicionismo".

Em outra ocasião, uma vizinha entrou em minha cozinha e observou minha pia limpa e vazia. Ela apontou para a pia e perguntou: "Sem pratos?". Eu estava tão orgulhosa de mim mesma que respondi com ostentação: "Sim!". Estava tão orgulhosa que ela notou. Ela franziu a testa: "O quê? Por que você não está alimentando sua família?". As implicações de uma pia vazia, em sua mente, significavam que eu não estava servindo as pessoas que dependem de mim para ter alimento. Ser considerada como aquelas que oferecem hospitalidade é uma janela fascinante para nossas expectativas acerca de nós mesmas! A honra de estender hospitalidade é dada àqueles que doam. Visto que a hospitalidade é uma questão de dar, faz sentido que o nosso egoísmo seja um obstáculo no caminho da nossa hospitalidade. Então, como evitar o obstáculo do egoísmo em nossos esforços para sermos hospitaleiras? Olhamos para Cristo. Considere os princípios estabelecidos em 2 Coríntios 9.6-9 a respeito da maneira como devemos dar:

> Aquele que semeia pouco pouco também ceifará; e o que semeia com fartura com abundância também ceifará. Cada um contribua segundo tiver proposto no coração, não com tristeza ou por necessidade; porque Deus ama a quem dá com alegria. Deus pode fazer-vos abundar em toda graça, a fim de que, tendo sempre, em tudo, ampla suficiência, superabundeis em toda boa obra, como está escrito: Distribuiu, deu aos pobres, a sua justiça permanece para sempre.

Jesus semeia em abundância, e ele também ceifará com abundância. Ele é aquele que decidiu, em seu coração, dar a sua própria vida, e ele não o fez com relutância nem por força. Em troca da alegria que lhe estava proposta, suportou a cruz [por nós] (Hb 12.2). Cristo é quem dá com alegria. Ele dá ao pobre, e sua justiça permanece eternamente. O mesmo Jesus que comprou as nossas vidas da morte e do pecado é capaz de fazer toda a graça abundar em nós. Se Cristo é a nossa suficiência em *todas* as coisas, em todo o tempo, pode haver alguma coisa que ele não nos permita dar gratuitamente a outras pessoas em seu nome? As boas obras que ele preparou desde os tempos eternos para que andemos nelas estão lá para que andemos nelas (Ef 2.10). E andaremos nelas pela fé — desde a cozinha da igreja e o quarto de hóspedes até a calçada fora de nossa casa, e até mesmo até o nosso bolso.

Jesus veio de bom grado "não para ser servido, mas para servir e dar a sua vida em resgate de muitos" (Mc 10.45). Ele deu sua vida há dois mil anos, e ele ainda dá sua vida a cada dia, já que vivemos e nos movemos nele. Ele dá, *ó como ele dá*! Nós não lamentamos por servir os outros com hospitalidade porque nós fomos servidas por Cristo primeiro, e a comunhão com ele vale tudo. Com Cristo no centro da nossa motivação e do nosso alvo de hospitalidade, a atração gravitacional para adorar somente a Cristo nos puxa para longe das distorções da hospitalidade, as quais são, na verdade, um serviço narcisista. Jesus, que deu a sua própria vida como um último ato de hospitalidade, para nos trazer para a casa de seu Pai, é a nossa provisão para toda a nossa hospitalidade. Regozijamo-nos porque o comprovante da alegre doação que queremos ter já foi creditado a nós pela fé; nós desfrutamos da liberdade da comunhão com Deus por meio da justiça de Cristo. Faltam-lhe recursos ou alegria para estender hospitalidade ao lado de seu marido? Peça-os a Deus, que os dá livremente, e *dá* para o louvor da sua glória.

CRIADA PARA SER UM CANAL DA GRAÇA

Estou ciente de que todas essas exortações com relação ao serviço podem soar como um címbalo que retine quando você está lutando simplesmente para amar seu marido. Os vários períodos, lutas e situações difíceis da vida representados pelas mulheres que leem estas páginas são tão diversos quanto nós. Não hesitamos em afirmar que Jesus continua sendo suficiente. Em nossa avaliação da graça suficiente de Cristo por nós para amarmos o nosso marido, temos que reconhecer a raiz dos nossos problemas — o nosso pecado. Se a influência mais poderosa de sua vida é Cristo, sendo salva pelo glorioso evangelho de Deus, então por que é tão difícil servir seu marido com abnegação (ou qualquer pessoa, aliás)? Amar o seu marido temente a Deus é difícil porque você se casou com um homem que é exatamente como você — um pecador que necessita da graça de Deus.

Por causa da cruz, o problema do nosso pecado foi resolvido. Deus, em sua ira santa, não está mais contra nós porque estamos escondidas em Cristo. Reconciliados com Deus verticalmente por meio de Jesus, também estamos reconciliados horizontalmente uns com os outros por meio de Jesus. Todo aquele que pertence a Deus por meio de Cristo também pertence àquele que pertence a Deus. Nós não estamos mais um contra o outro, como nossos primeiros pais estiveram no início da queda no jardim do Éden. Nós estamos a favor um do outro, e a graça de Jesus é a única força no mundo que pode começar, manter e preservar esse tipo de amor até o fim. A graça uniu você ao seu marido numa só carne, por essa razão, o agir em conformidade com isso deve ser também pela graça. Portanto, o que Deus ajuntou não o separe o homem (Mt 19.6).

Parte 3
Amando a Noiva de Cristo

Capítulo 7
O que é a Igreja, afinal?

Sabemos que a igreja é um *povo*, edificado em conjunto numa arquitetura projetada e sustentada por Deus, mas, às vezes, precisamos ser lembradas disso. Certa tarde, enquanto dirigia pelos Estados Unidos em uma visita, vislumbrei essa ideia numa ilustração viva por meio de meus filhos, que cresceram em culturas diferentes.

"Mamãe, papai! Olhem pela janela! Rápido!", nossa filha pequena gritou do banco de trás da van. "Vocês não vão acreditar. Olhem lá! Também tem restaurante Chili nos Estados Unidos!"

Depois que nossa barriga parou de doer de tanto rir, meu marido e eu nos revezamos, tentando explicar o conceito de franquia para as crianças. "Então, querida, é o mesmo restaurante, com a mesma comida, mas em lugares diferentes", resumi para ela, pois já estávamos entrando no estacionamento da igreja, onde tínhamos um compromisso naquela manhã.

"Ah", ela pensou em voz alta, "então é como a igreja."
"Hum", foi minha resposta articulada.
"Onde estamos? Onde é a igreja?", nosso filho perguntou enquanto pulava da van para o estacionamento.
"Nós estamos na igreja, amigão."

Nossa família entrou no tranquilo edifício da igreja numa manhã de um dia de semana. Quase ninguém estava ali. O café, no saguão, estava escuro, e as cadeiras estavam em cima das mesas. A livraria estava escura, e a porta de vidro estava fechada. Corredores inteiros estavam escuros enquanto passávamos para a parte administrativa do prédio. Num sussurro abafado, nosso rapazinho disse: "Este shopping está fechado". Levei um tempo para entender o que ele queria dizer, e então compreendi. As duas conversas que havíamos tido na última hora tinham a ver com a perspectiva dos nossos filhos. É claro que a minha filha ficou surpresa ao ver "seu" restaurante local em outro país. Claro que meu filho pensou que o prédio da igreja era um shopping, porque a nossa igreja se reúne no salão de festas de um hotel anexado a um shopping center. Toda semana ele passa por uma praça de alimentação movimentada e lojas lotadas para chegarmos onde nos reunimos para a adoração coletiva.

Assim como essas respostas próprias de criança que os meus filhos deram para o mundo ao redor deles, precisamos cultivar uma fé como de criança em resposta ao que a Palavra de Deus diz sobre a natureza da igreja. Estou convencida de que uma eclesiologia saudável não só ajudará a lembrar as esposas de ministros do porquê de estarmos aqui, mas também nos impulsionará a um engajamento cuidadoso em nosso ministério junto ao nosso marido. É sob essa premissa que quero gastar este capítulo e os poucos capítulos seguintes, falando sobre o que é a igreja e sobre a natureza sobrenatural de sua existência, ministério e alvo.

ARRAIGADA NA ETERNIDADE

A igreja é um *povo* — algo que poderia ser presumido, mas não nos atrevemos a presumir. Se quisermos ser fiéis à definição precisa de *igreja* na Palavra de Deus de acordo com a gramática, devemos dizer que *nós* somos a igreja. Todas as ovelhas que pertencem a Cristo pertencem ao seu corpo, e essa realidade misteriosa transcende todas as realidades terrenas. Ao falar da igreja, C. S. Lewis disse em suas satíricas *Cartas de um Diabo a seu Aprendiz*: "eu não estou falando da Igreja que se propaga através do tempo e do espaço, ancorada na Eternidade, terrível como um exército agitando seus estandartes".[1] A igreja não é um clube, uma organização ou uma entidade sem fins lucrativos. A igreja não diz respeito só a um culto no domingo de manhã. A igreja é um povo

---

1 C. S. Lewis, *Cartas de Um Diabo a Seu Aprendiz*, (São Paulo: Editora Martins Fontes, 2009), pp. 6-7. Veja também Cântico dos Cânticos 6.4, em que o rei se deleita em sua noiva: "Formosa és, querida minha, como Tirza, aprazível como Jerusalém, formidável como um exército com bandeiras".

reunido, que existe pela graça de Deus, para revelar a glória de Jesus e testemunhar de sua bondade e de como é a sua obra de trazer todos os filhos pródigos de Deus para casa.

No Novo Testamento, vemos a magnífica graça de Deus à igreja, que nos humilha, no sentido de que toda a comunidade da aliança de Deus é, na verdade, o templo espiritual no qual Deus escolhe habitar. Somos adotados na família de Deus, e Jesus foi preparar um lugar para nós na casa de seu Pai. E ainda estamos aqui, presos entre o "já e o ainda não" do reino de Deus, habitados pelo Espírito Santo, enquanto crescemos em tudo naquele que é o cabeça, Cristo (Ef 4.15). Não podemos compreender o amor de Deus em Cristo por nós demonstrado pela igreja, porque o arquiteto não projetou sua habitação dessa forma. Somos membros uns dos outros, um templo de uma comunidade de sacerdotes, no qual a presença de Deus tem prazer em habitar:

> Não sabeis que sois santuário de Deus e que o Espírito de Deus habita em vós? Se alguém destruir o santuário de Deus, Deus o destruirá; porque o santuário de Deus, que sois vós, é sagrado.
> (1 Co 3.16–17)

> Acaso, não sabeis que o vosso corpo é santuário do Espírito Santo, que está em vós, o qual tendes da parte de Deus, e que não sois de vós mesmos? Porque fostes comprados por preço. Agora, pois, glorificai a Deus no vosso corpo.
> (1 Co 6.19–20)

Edificados sobre o fundamento dos apóstolos e profetas, sendo ele mesmo, Cristo Jesus, a pedra angular; no qual todo o edifício, bem ajustado, cresce para santuário dedicado ao Senhor. No qual também vós juntamente estais sendo edificados para habitação de Deus no Espírito.
(Ef 2.20-22)

Também vós mesmos, como pedras que vivem, sois edificados casa espiritual para serdes sacerdócio santo, a fim de oferecerdes sacrifícios espirituais agradáveis a Deus por intermédio de Jesus Cristo. Pois isso está na Escritura: "Eis que ponho em Sião uma pedra angular, eleita e preciosa; e quem nela crer não será, de modo algum, envergonhado".
(1 Pe 2.5-6)

Deus nos chama para sermos um sacerdócio santo. Nós recebemos a bênção de Deus e o sim para todas as suas promessas (ou seja, a pessoa de Jesus) e, em contrapartida, nós nos tornamos uma bênção para os outros quando compartilhamos as suas boas-novas. Ser membro do povo chamado de Deus não é uma questão de preferência ou gosto, mas uma necessidade. Somos chamados de "membros" porque somos membros de um corpo. Ser parte da igreja não se refere apenas a ocupar um assento numa manhã de domingo em um culto de adoração. Essa é uma questão mais ontológica do que estar de pé, sentar e cantar com os outros — nós somos membros uns dos outros.

> Porque assim como num só corpo temos muitos membros, mas nem todos os membros têm a mesma função, assim também nós, conquanto muitos, somos um só corpo em Cristo e membros uns dos outros.
>
> (Rm 12.4-5)

Não quero parecer macabra, mas a ilustração bíblica da igreja como um corpo realmente exige esta pergunta: Se você visse um dedo decepado, você não olharia ao redor para saber *a quem* ele pertence? Portanto um cristão separado do corpo visível de crentes reunidos é um cristão *separado* do corpo visível de crentes reunidos. Ser pedras vivas, edificadas como casa espiritual não é algo banal. A igreja — o povo de Deus — habitada e selada pelo próprio Espírito Santo é uma realidade espiritual literal incompreensível. Ela é uma esperança profética que sussurra a respeito do fim, quando o lugar da habitação de Deus será para sempre entre os homens.[2]

> Farei com eles aliança de paz; será aliança perpétua. Estabelecê-los-ei, e os multiplicarei, e porei o meu santuário no meio deles, para sempre. O meu tabernáculo estará com eles; eu serei o seu Deus, e eles serão o meu povo. As nações saberão que eu sou o SENHOR que santifico a Israel, quando o meu santuário estiver para sempre no meio deles.
>
> (Ez 37.26–28)

---

[2] Para uma leitura adicional sobre este tópico, recomendo a obra respeitável e instigante de G. K. Beale, *The Temple and the Church's Mission: A Biblical Theology of the Dwelling Place of God* (Downers Grove, IL: InterVarsity, 2004).

Nada pode soar como exagerado quando falamos do esplendor absoluto do projeto de Deus para pastorear o seu rebanho, que ele criou com a necessidade de ser reunido, alimentado e conduzido *junto*. Eu amo a maneira como Mark Dever salienta a importância da nossa compreensão acerca da eclesiologia: "A doutrina da igreja é de importância suprema. É a parte mais visível da teologia cristã e está conectada vitalmente com todas as outras partes".[3]

MINISTÉRIO DE EDIFICAÇÃO DO CORPO

Tudo isso é apenas um vislumbre do privilégio que temos de ajudar o nosso marido no ministério – e o fazemos cheias de temor - já que somos ovelhas companheiras servindo o rebanho de Deus. Em Efésios 4, lemos que quando Jesus subiu aos céus e levou cativo o cativeiro, ele concedeu dons à igreja. Esta passagem esclarece os objetivos de Jesus ao providenciar diferentes tipos de servos líderes à sua igreja:

> E ele mesmo concedeu uns para apóstolos, outros para profetas, outros para evangelistas e outros para pastores e mestres, com vistas ao aperfeiçoamento dos santos para o desempenho do seu serviço, para a edificação do corpo de Cristo, até que todos cheguemos à unidade da fé e do pleno conhecimento do Filho de Deus, à perfeita varonilidade, à medida da estatura da plenitude de Cristo.
> (Ef 4.11–13)

---

3 Mark Dever, *Igreja: O Evangelho Visível* (São José dos Campos: Editora Fiel, 2015), 19.

Nos dias em que o trabalho do meu marido de pastorear ou o meu papel de ajudá-lo não parecem muito significativos, eu me lembro dos objetivos explícitos de Cristo em favor de sua Igreja. Esses objetivos são a razão de ainda estarmos aqui e não no céu. O privilégio de participar da plenitude de Cristo, enchendo tudo em todos, à medida que mais e mais pessoas em todo o mundo lhe adoram como o único Deus verdadeiro, é a razão de você estar aqui. Isso é verdade quer você esteja na cidade de Iowa, em Bangalore, em Abu Dhabi ou em Juarez. Mesmo numa manhã comum de segunda-feira, nosso coração pode ficar emocionado com a perspectiva que incluiu, entre os dons que Jesus deu à sua Igreja, o seu marido pastor para servir e você para ajudá-lo a servir — para a edificação de seu corpo. Isso põe tudo na perspectiva do quadro geral, quando nos lembramos de que Jesus ordenou que essa edificação do corpo tivesse um objetivo grandioso centrado em Cristo: que a igreja chegue à unidade da fé e ao conhecimento dele, o varão perfeito, e à medida da estatura da sua plenitude.

Cristo é nosso Sumo Sacerdote (Hb 4.14; 9.11), e, por meio dele, Deus nos torna a todos sacerdotes em um sacerdócio santo. Ele também é o meio pelo qual somos capazes de oferecer sacrifícios espirituais agradáveis a Deus (1 Pe 2.5). Considerar que somos capazes de entrar no Santo dos Santos por causa da obra expiatória sacrificial de Cristo em nosso favor não é algo banal ou uma ideia abstrata. Há uma consideração séria da doutrina da eclesiologia que nos mostra que a *igreja* não diz respeito a nós, como se fôssemos o marco dos propósitos criativos e redentores de Deus. A eclesiologia ensina que a glória de Deus em seu Filho é local, tangível e real em nossa vida e na vida do corpo de nossa igreja; mas ela também é expansiva e efusiva, e preenche tudo em todos.

Há um arco escatológico, uma orientação que inclina o nosso ministério para frente, que devemos ter em mente.

> Na nova criação, todo o povo de Deus vivente em todo o novo mundo será de sumos sacerdotes continuamente na presença de Deus, porque as dimensões do Santo dos Santos celestial e a presença governante de Deus, simbolizada por seu trono, terão penetrado e incluído todo o novo cosmos.[4]

Uma consideração profunda dessas coisas nos leva a perceber como a seriedade do objetivo de Deus de glorificar seu Filho por meio da igreja expande a nossa perspectiva de apenas mais um domingo, apenas mais um grupo pequeno ou apenas *outra coisa qualquer* num lugar sério de alegria e adoração.

NAÇÕES UNIDAS ADORANDO O CRISTO RESSURRETO

Foi planejado com semanas de antecedência, mas por algum motivo fugiu da minha mente, que o meu marido estava indo pregar em uma nova igreja em nosso país. Algo que o meu marido casualmente havia dito dias antes daquela sexta-feira me fez lembrar daquilo. Sua pregação naquela nova igreja significava que teríamos que nos levantar bem cedo, e que eu dirigiria até uma cidade que é conhecida pelas desfavoráveis condições de tráfego. A lembrança daquela oportunidade de ministério não levou minha mente imediatamente para o incrível privilégio de ver uma nova igreja sendo plantada, mas sim para o trânsito.

Eu suspirei: "Ai. Que horas você acha que teremos que sair daqui?".

---

4 Beale, The Temple and the Church's Mission, p. 370.

Sem se incomodar com minhas murmurações, meu marido alegremente previu que uma hora de antecedência nos daria bastante tempo para dirigir, além de algum tempo extra para ficarmos perdidos (alguém precisa calcular tempo para se perder aqui). Fiz o cálculo mental de que horas eu teria que acordar a fim de arrumar as quatro crianças para sair naquela hora e já me senti cansada.

Aquela manhã chegou e, levantando de madrugada, fui para a nossa cozinha arrastando os pés em direção ao pote de café. Pela janela da cozinha observei que o sol havia nascido naquela manhã, assim como faz todas as manhãs. Enquanto eu esperava que a cafeteira começasse a fazer o seu trabalho, fiquei num canto, onde eu podia ver um pedaço de nossa cidade do lado de fora da janela. Enquanto o sol estava nascendo sobre a nossa cidade, eu me lembrei de que naqueles edifícios e naquelas ruas estavam pessoas que andavam ainda na escuridão. Eu podia ouvir lá no fundo do corredor que meu marido estava acordado, revisando o seu sermão, como de costume, orando enquanto andava para lá e para cá. Humilhado, meu comportamento mal-humorado caiu na realidade. Agradeci ao Senhor pela misericórdia extravagante que eu sabia que ele estava me dando naquele momento.

Dirigir até aquela cidade foi tão estressante quanto eu havia imaginado. Nós estacionamos numa vizinhança congestionada e caminhamos pelas calçadas empoeiradas, desviando dos carros que, por pouco, não passaram em cima dos pezinhos de nossos filhos, enquanto caminhávamos para o prédio onde a igreja estava reunida. O sol da manhã já estava queimando naquela hora, e pudemos sentir a poeira grudando em nossa roupa e pele suada. Nós não éramos as únicas pessoas caminhando naquele lugar tão movimentado. Assim como um arco-íris de pessoas, homens e mulheres de muitas nações se moviam para vários espaços de reuniões e construções naquele complexo. Alguns deles estavam indo para lugares onde Cristo é considerado um coadjuvante, pois suas boas obras estão à frente e no centro. Outros ouviriam as boas novas sendo pregadas — na cruz, Jesus Cristo fez por nós aquilo que nunca poderíamos fazer por nós mesmos, então se lance sobre ele e aceite a graça gratuita de Deus. As nações estavam se reunindo para adorar a Jesus, uma porção fracionária daquilo que veremos quando homens, mulheres e crianças de todas as tribos se reunirem em torno do trono de Deus para adorar o Cordeiro que foi morto por nós. Seguimos o nosso caminho para o prédio onde a nova igreja foi reunida e acolhida com um ar condicionado refrescante e comunhão com os santos.

O QUE AS PESSOAS DO MINISTÉRIO DE ESTACIONAMENTO VEEM?

Precisamos nos lembrar da perspectiva eterna o tempo todo. Quem e o que é a igreja? Por que a igreja existe? As respostas a essas perguntas lançam âncoras sobre Cristo que firma o nosso coração quando estamos desanimadas e distraídas. O fato de a igreja ser um povo criado, chamado e reunido por Deus ajuda-nos com relação a isso. Você já ouviu aquela música de criança na escola dominical: "Pai Abraão tem muitos filhos"? Essa música nos leva de volta para Gênesis 12.1-3, quando Deus chamou Abraão para deixar a idolatria e adorar ao único Deus verdadeiro. Yahweh prometeu que Abraão seria o pai de uma grande nação, por meio da qual o mundo inteiro seria abençoado. Deus o chamou para ter fé nele e na sua promessa de graça futura. Nós, assim como Abraão, somos chamadas para crer em Deus, e nossa crença em Deus afeta o modo como vivemos. Abraão confiou em Deus e deixou seu país, dirigindo-se para uma terra que Deus prometeu lhe mostrar. Ele jamais havia visto a Terra Prometida, mas Abraão creu que Deus o levaria fielmente até lá, então ele foi.

Assim como Abraão, nós sabemos que não temos aqui cidade permanente, mas buscamos a que há de vir. (Hb 13.14). Um dia, as nações afluirão para a cidade permanente nos novos céus e nova terra, a qual é iluminada pela glória de Deus e do Cordeiro (Ap 21.22-26). Se sua igreja tem um ministério de estacionamento ou uma equipe de recepção, essas pessoas chegam a ver uma sombra disso a cada semana, à medida que o povo de Deus se junta fisicamente como um povo reunido. Na verdade, todos nós chegamos a desfrutar o privilégio de ser parte de um povo reunido. Através dessa lente, perceba que Hebreus 10.24-25 tem uma relevância imediata, bem como escatológica, para a nossa vida:

> "Consideremo-nos também uns aos outros, para nos estimularmos ao amor e às boas obras. Não deixemos de congregar-nos, como é costume de alguns; antes, façamos admoestações e tanto mais quanto vedes que o Dia se aproxima".

Ver a mim mesma no quadro geral como parte do corpo de Cristo (e o corpo de Cristo no quadro geral do plano de Deus de glorificar seu Filho) mudou até mesmo o modo como vejo minha tarefa cotidiana de ajudar minha família a se arrumar para se reunir com a igreja a cada semana. De que outra maneira isso muda sua perspectiva em relação a ser parte da noiva de Cristo?

No próximo capítulo, voltaremos à tarefa mencionada em Hebreus 10.24-25 de nos estimularmos ao amor e às boas obras.

Capítulo 8
Dotada para Dar Aquilo que Deus Deu

Eu não consigo pensar numa única alegria que seja melhor do que a nossa habilidade, capacitada pela graça, de adorar a Deus. Ele permite, ordena, convida, instrui e nos capacita a lhe adorar e a lhe dar a glória que merece. Em nossa alegre adoração a Deus, reconhecemos que não lhe temos dado mais glória do que a que ele tinha no princípio, como se acrescentássemos algo a ele, mas nós recebemos dele (sempre recebendo!) à medida que reconhecemos que ele é, de fato, todo-glorioso.

Uma das maneiras inigualáveis pelas quais nos é concedido adorar o nosso Criador é através de nosso serviço a ele. Não podemos deixar de nos admirar, pois nos é dito para considerar como podemos estimular umas às outras no Senhor.

> Consideremo-nos também uns aos outros, para nos estimularmos ao amor e às boas obras. Não deixemos de congregar-nos, como é costume de alguns; antes, façamos admoestações e tanto mais quanto vedes que o Dia se aproxima.
> (Hb 10.24-25)

Nós somos criadas — somos finitas e indefesas sem Deus — mas ele nos exorta a fortalecermo-nos umas às outras. Mas *devemos* fazer isso por meio dele, pois não há outra maneira. Temos visto que ser um membro do corpo de Cristo, a Igreja, é um aspecto que define quem nós somos. Para que não adotemos uma visão arrogante ou depreciativa a respeito de quem, uma vez salvos, devemos ser, a Bíblia descreve o crente como um tijolo em um edifício, uma ovelha em um rebanho, um sacerdote em um sacerdócio e um membro de uma família e do corpo de Cristo. Lembrarmo-nos do contexto de nossa fé como parte de uma comunidade e de uma nuvem de testemunhas nos fere em nossa independência arrogante, não é mesmo?

Você provavelmente já tem uma ideia de qual deve ser o seu papel no serviço à igreja. Outras pessoas, incluindo aquelas de fora da igreja, também podem ficar felizes em categorizá-la. Eu estava almoçando com um grupo de amigas da comunidade, um grupo de mulheres com quem eu esperava construir amizades mais profundas, visto que já havíamos tido uma paixão semelhante pelo serviço a uma comunidade específica. As senhoras estavam contando histórias sobre como elas conheceram suas caras-metades e que tipo de emprego as trouxe a este país. Para as mulheres, cada uma delas havia encontrado o seu homem (ou homens) num bar ou numa boate, e seu objetivo em trabalhar neste país foi avaliado pelo tamanho do salário que eles ganhariam. Algumas histórias foram salientadas com relatos de encontros de uma noite, que se desenvolveram para relacionamentos semi-exclusivos com um ou mais homens, e todas as histórias incluíam a quantidade de dinheiro que os homens ganhavam. Quando chegou a minha vez de compartilhar sobre meu marido, Dave, eu soltei: "Nós nos conhecemos na igreja. Ele é pastor". Algumas senhoras deram uma risadinha, e outra zombou: "Agora todas nós seremos julgadas", e o restante ficou olhando para seu smartphone ou para o prato. Eu me perguntei como eu poderia ter evitado essa cena embaraçosa e o que eu poderia ter dito de forma diferente, e até comecei a lamentar o fato de ter aceitado o convite.

Mas, mais tarde, quando o grupo estava pedindo a sobremesa, uma mulher deu um tapinha no meu ombro e perguntou se poderia falar comigo. Eu empurrei minha cadeira, num ângulo que me permitisse falar com ela, e vi que seu rosto estava corado. "Meu casamento é uma bagunça", ela sussurrou. Então, ela me perguntou o que Deus tinha a dizer sobre a sua situação. Amigas, ser esposa de um ministro pode vir com alguma bagagem que a cultura julga irritante, mas para outros em quem o Espírito de Deus está agindo, o seu ministério e a sua presença na vida deles é o que eles esperam quando o mundo e seus ídolos falham com eles. Não nos atrevemos a minimizar a oportunidade que temos de servir os outros, dentro e fora do corpo de Cristo, mesmo que estejamos preocupadas em ajudar a equipar o nosso marido para o seu ministério público.

"Precisamos lembrar que cada ministério é único, e que cada casamento é único, e que Deus nos dotou exclusivamente para a posição e o papel nos quais estamos".[1]

GRAÇA PARA O NOSSO REMORSO DE DOADOR

Você já levou uma criança pequena para comprar um presente para dar a outra pessoa? Talvez seu filho tenha sido convidado para uma festa de aniversário, ou seus filhos troquem presentes entre si e com os primos na época do Natal. No passeio para as compras, eles se debruçam sobre os objetos em exposição, levam um tempo agradável tomando a decisão certa e embrulham o presente com entusiasmo. Mas, então, o remorso de doador entra em ação, e eles não querem dar o presente.

Mesmo como adultos, não estamos imunes ao remorso de doador quando se trata de servir os outros. Algumas de nós podem se lamentar por terem sido dotadas de uma forma específica, e são relutantes para servir usando os seus dons. Algumas de nós olham para os dons de outra mulher com inveja. Algumas de nós se perguntam por que Deus não nos permite ter as mesmas oportunidades (ou melhores, em nossa opinião) que vemos que ele deu a outras mulheres. Esse tipo de rivalidade em relação aos nossos dons não é bonito, não é mesmo? Quando experimentamos esse tipo de arrependimento, fazemos bem em lembrar que Deus nunca experimenta o remorso de doador em relação à maneira como ele tem nos dotado como indivíduos e como um corpo coletivo. Devemos nos lembrar de que os dons que ele dá têm uma razão, uma expressão e uma utilidade

---

[1] Brian Croft and Cara Croft, *The Pastor's Family*, (Grand Rapids, MI: Zondervan, 2013), p. 86.

corporativa, visto que somos um povo, o corpo, a noiva de Cristo. E visto que ele dotou a igreja da qual você é membro, não há como, em Cristo, você ter ficado de fora.

Sabemos que Deus nos deu dons, e nós queremos ser boas administradoras deles, tanto para a nossa vida pessoal quanto para o bem da igreja. Desejamos ter as prioridades do reino de Deus em mente quando servimos. Vemos necessidades ao nosso redor — muitas necessidades! Também somos criativas. Na verdade, somos tão criativas que, no fundo, sabemos que poderíamos estar servindo de uma forma mais criativa, o que é uma coisa boa! Recebemos a vontade de servir e amar a Deus e também os outros. Precisamos da graça de Deus para administrar bem os nossos dons e oportunidades. As necessidades ao nosso redor podem potencialmente se tornar plataformas nas quais subimos para protestar contra aqueles que não enxergam essas necessidades. Podemos lutar para servir, fazendo isso com um baixo senso de culpa de que não estamos "fazendo o suficiente para o reino de Deus" ou podemos "sonhar suficientemente alto", de modo digno da grandeza de Deus. Você percebe que, mesmo ao usarmos os dons que Deus nos deu, *precisamos da graça de Deus que ele nos dá gratuitamente*? Uma boa administração começa e termina com uma perspectiva bíblica acerca dos nossos dons (individual e corporativamente) e do doador desses dons.

COMO E POR QUE NÓS SERVIMOS?

Descobri que a minha perspectiva sobre os dons é proveitosamente reajustada quando considero as verdades de uma pequena passagem em 1 Pedro. Não é uma passagem "típica" sobre dons, a qual alguém poderia ler em uma pesquisa sobre dons espirituais ou ouvir numa discussão sobre o assunto. Eu realmente gostaria que essa passagem fosse incluída em mais recursos sobre "descobertas dos dons", porque ela fala sobre o porquê e o como. *Por que* Deus nos dá dons? *Como* devemos usar os nossos dons?

> Servi uns aos outros, cada um conforme o dom que recebeu, como bons despenseiros da multiforme graça de Deus. Se alguém fala, fale de acordo com os oráculos de Deus; se alguém serve, faça-o na força que Deus supre, para que, em todas as coisas, seja Deus glorificado, por meio de Jesus Cristo, a quem pertence a glória e o domínio pelos séculos dos séculos. Amém!
> (1 Pe 4.10-11)

Poderíamos fazer muitas observações com relação a esse texto sobre dons. A primeira coisa que se destaca é que os dons são algo que recebemos. Os dons são deliberadamente escolhidos por Deus e dados por Deus, e a nossa parte é recebê-los. Essa ideia em si inspira coragem suficiente para pararmos de olhar com o canto de olho para os dons de outras mulheres. Os dons delas não foram escolhidos por elas, do mesmo modo como os seus dons não foram escolhidos por você. Lamentar pelos dons, compará-los ou fazer pouco caso deles é um insulto a quem lhes deu. Quando recebemos um dom de Deus, a resposta apropriada é fazer aquilo que a nossa mãe nos ensinou: dizer "Obrigada!".

Uma segunda breve observação que podemos fazer a partir dessa passagem é o que acontece com o dom depois que ele é recebido.

Nós o utilizamos para servir uns aos outros. O dom não vai para a pilha de presentes debaixo da árvore de Natal, para ser descoberto e usado quando quisermos brincar com ele. O dom vai para o trabalho. Espero nunca esquecer o olhar no rosto da minha filha quando ela percebeu que junto com suas habilidades de leitura recém-descobertas, ela poderia ler os versículos da minha grande Bíblia de adulto. Seus olhos se arregalaram maravilhados à medida que ela lia Gênesis 1.26. Ela leu: "Também disse Deus: 'Façamos o homem à nossa im... im...' Mãe, como se fala i-m-a-g-e-m?".

"Imagem".

"Ah, imagem. Também disse Deus: 'Façamos o homem à nossa imagem'. À nossa imagem! Eu sei isso! Deus nos fez à sua imagem! Eu estou lendo — a Bíblia — eu *estou lendo* a Bíblia! Ei, pessoal, escutem..."

E minha jovem leitora arrastou seus irmãos mais novos pelo apartamento lendo a Bíblia para eles, conforme conseguia distinguir as palavras. Os dons foram feitos para serem usados e abençoar outros, e, ao usar sua habilidade dada por Deus para ler palavras, minha filha foi abençoada.

A terceira observação que desejo mencionar é o "como". Em certo sentido, nós usamos os nossos dons com todas as nossas forças, mas, em última análise, nós usamos os nossos dons com todas as forças de Deus, na "força que Deus supre". É Deus quem está agindo em nós.

> Deus pode fazer-vos abundar em toda graça, a fim de que, tendo sempre, em tudo, ampla suficiência, superabundeis em toda boa obra.
>
> (2 Co 9.8)

Para isso é que eu também me afadigo, esforçando-me o mais possível, segundo a sua eficácia que opera eficientemente em mim.
(Cl 1.29)

Mas, pela graça de Deus, sou o que sou; e a sua graça, que me foi concedida, não se tornou vã; antes, trabalhei muito mais do que todos eles; todavia, não eu, mas a graça de Deus comigo.
(1 Co 15.10)

A última observação que eu quero destacar de 1 Pedro 4.10-11 é o *porquê*. Recebemos dons de Deus e os usamos a fim de servir "para que, em todas as coisas, seja Deus glorificado, por meio de Jesus Cristo". O serviço sincero dá crédito a quem de direito. Os dons são dados por Deus e autorizados por ele a fim de glorificá-lo. Embora seja emocionante receber um dom de Deus, e amemos muito aquilo que somos capazes de fazer por meio da força de Deus, seríamos negligentes se nos gloriássemos no dom. Enfim, o fato de recebermos e usarmos os dons para abençoar os outros é algo que não diz respeito a nós. O Espírito nos deu dons de acordo com a sua vontade (Hb 2.4), para que possamos servir os outros em nome de Jesus, por meio da força de Deus. Nossas próprias ideias acerca dos dons e do chamado são vistas sob uma nova luz quando consideramos como o Deus trino está agindo para exibir sua glória no cosmos. "A quem pertence a glória e o domínio pelos séculos dos séculos. Amém" (1 Pe 4.11b).

NENHUM DOM DEIXADO DE LADO

Como mulheres, o nosso ministério acontece de muitas maneiras diferentes. A mente fica perplexa com todos os contextos diferentes nos quais as mulheres de todo o mundo estão formando discípulas. Lembro-me de ouvir uma amiga minha, que é extraordinariamente talentosa em liderança, dizer que quando seus filhos eram pequenos, ela se sentiu obrigada a deixar de lado o seu dom de liderança. Ela fez isso na esperança de que pudesse reavê-lo mais tarde, quando seus filhos estivessem crescidos, mas, nesse meio-tempo, o seu dom estava sentado à toa, definhando em distrofia. Minha reação foi me maravilhar com as possibilidades daquilo que eu poderia fazer se tivesse apenas uma fração de seus dons de liderança a fim de liderar melhor os meus filhos e alcançar os meus vizinhos. Comecei a sonhar acordada com a forma como eu poderia pastorear os meus filhos pequenos — comunicar minhas expectativas, lançar minha visão para os planos de fim de semana, encaminhá-los na tomada de decisões e guiá-los em relação ao que estava por vir. Como eu poderia administrar minha casa melhor de forma que eu pudesse ter uma capacidade maior de conduzir mais pessoas ao meu redor, incluindo as mulheres do meu prédio, as quais eu desejava alcançar? Definitivamente, a liderança é um dom mais útil e necessário às mães com filhos pequenos.

Nenhum dom é deixado de lado de acordo com o propósito redentor de Deus em nossa vida, e sua mão soberana ordena todas as coisas para o seu prazer. Eu não tenho direito algum de me arrepender pela forma como Deus me fez, mas tenho todas as razões para me submeter humildemente a ele e para olhar para sua mão com uma expectativa alegre de que ele me dará coisas para fazer, as quais ele quer que eu faça, e me dará uma forma de fazê-las de um modo que ele receba a glória.

Nós não temos nenhum arrependimento ou remorso de doador quando entendemos nossa capacitação dada por Deus e as oportunidades de ministério à luz disso. Em vez disso, experimentamos a simples alegria de ter recebido algo para compartilhar com outros. Nós agradecemos humildemente ao Senhor porque o nosso marido foi dotado para o serviço. Olhamos ao redor para as mulheres cristãs em nossa vida e nos alegramos com elas também. Nós não somos nada além de recebedoras da graça, agradecidas e humildes. Nada disso — nenhum ministério, nenhum dom, nenhum ato de serviço — é para nós. Todo o nosso zelo e paixão deve culminar no louvor a Deus, o doador de todas as boas dádivas.

Quem devemos servir? Onde devemos usar nossos dons dados por Deus? A Palavra de Deus nos dá direção? Ou seguiremos o nosso coração? Ou as duas coisas? O meu marido é meu ministério principal? E os meus filhos? Ou minha casa? Ou minha igreja? Ou a minha vizinha da frente? Ou...? O dilema nessas questões é quase palpável. Queremos servir, queremos abençoar e queremos fazer isso direito. Uma das perguntas que geralmente ouço das mulheres a respeito de usarem seus dons é onde e como gastar sua energia e tempo limitados. Porque Deus é sábio e amoroso e, com certeza, receberá o louvor, o começo da resposta a essas perguntas é sempre outra pergunta. Olhe ao seu lado e veja. *Quem Deus lhe deu para servir?*

PRIVILÉGIO DE TODA MULHER CRISTÃ

A esposa do ministro é igual a todas as outras mulheres neste sentido: temos o privilégio de ajudar o nosso marido, de servir nossa família, de amar a igreja e de todos praticarmos o *"uns aos outros"* com as pessoas ao nosso redor, pela graça de Deus. Todas nós somos chamadas — somos chamadas para amar, respeitar e obedecer ao nosso marido à medida que eles lideram com a humildade de líder-servo, semelhante a de Cristo. Se tivermos filhos, somos chamadas a amá-los e a formar um lar para eles. Somos chamadas para amar os perdidos, fazer discípulos e servir os que sofrem. Não há necessidade de que essa seja uma ideia que restrinja a alma. Com a garantia tranquila de que estamos fazendo o que deveríamos fazer, podemos reconhecer alegre e humildemente que existem períodos na vida (alguns curtos e alguns abrangentes), e que os caminhos de Deus estão além da nossa compreensão humana em relação à mordomia e ao uso dos dons.

No reino subversivo de Cristo, entendemos que até dar copos de água, no nome de Jesus, é um serviço a ele. As tarefas pequenas não podem ser rebaixadas a meros degraus na direção de sermos solicitadas para fazer algo grandioso um dia. Deus se agrada quando fazemos *todas* as coisas para a sua glória. O fato de o Santo ficar satisfeito com seus filhos não é algo banal, e sua alegria é tão efusiva que Jesus disse que deseja que sua alegria nos preencha: "Tenho-vos dito estas coisas para que o meu gozo esteja em vós, e o vosso gozo seja completo" (Jo 15.11).

Na posição de mulheres que são cidadãs do reino dos céus, entendemos que ser dotadas com dons por Deus não é um fim em si mesmo. Buscamos primeiro o reino de Cristo, destacando nossas circunstâncias e todas as nossas habilidades únicas dadas por Deus para valorizarmos sobremaneira a Jesus neste mundo que está sucumbindo tão rapidamente. No âmbito geral da carta a Tito e da Grande Comissão, a orientação para as mulheres em Tito 2.3-5 "convém à sã doutrina" (v. 1). Essa doutrina deve ser transmitida de uma geração a outra (Dt 6.1-9; Sl 145.4; 78.1-7). O discipulado é atemporal até que o tempo se esgote.

Como filhas do Rei, sonhamos sonhos altos para a nossa família com a eternidade em mente, buscando a boa obra do discipulado que promove o reino de Deus, usando os dons que Ele nos deu, nos lugares onde ele nos plantou, priorizando as pessoas que ele tem colocado em nossas vidas.

Isso é verdadeiro mesmo que a corrida, nessa fase de sua vida, inclua inúmeras voltas entre o quarto das crianças e sua cama todas as noites. Nós podemos aceitar de bom grado todas as oportunidades, as fraquezas, as circunstâncias e os dons como vindos da mão do Senhor, confiando que ele é o único que revelará o verdadeiro valor dessas coisas no último dia. O que quer que tenhamos recebido, podemos aceitar à medida que olhamos o corredor do tempo e imaginamos gerações de portadores da imagem de Deus adorando o Rei. Líderes de igreja também podem oferecer uma supervisão humilde, equipando e encorajando as discipuladoras a usarem seus dons, até mesmo os dons que lançam raízes em sua casa, mas podem florescer do lado de fora daquelas quatro paredes, na comunidade e no mundo.

Neste próximo e último capítulo, sobre aprender a amar a noiva de Cristo, descobriremos nossas forças e fraquezas.

Capítulo 9
Descobrindo nossas Fraquezas e a Força Suficiente de Cristo para o Serviço

"Como você faz isso?" Essa é uma pergunta que quase toda mulher já escutou ou fez a outra mulher. Certa vez, eu fiz essa pergunta a uma nova amiga enquanto estava sentada durante o café da manhã, tentando espetar morangos com uma mão e segurando o meu quarto bebê no outro braço.

"Eu sei que todo mundo deve lhe perguntar isso, mas...", comecei.

"...como eu faço isso?", ela completou a minha pergunta. Eu esperava por respostas de minha nova amiga. "Sim, diga-me como. Quer dizer, eu sinto que mal estou sobrevivendo. Não consigo nem imaginar sua vida. Existem as crianças, o ministério, o casamento e os chás de panela. Você ainda faz chás de panela?"

Achei que ela fosse uma excelente candidata para responder à minha ansiosa pergunta sobre *como*, porque ela era mãe de nove filhos, estava grávida de seu décimo e era casada com um pastor ocupado. Eles estavam visitando nossa cidade para averiguar ministérios naquela parte do mundo, e eu sabia que tinha uma pequena janela através da qual eu poderia obter *a* resposta impossível de se alcançar que eu estava procurando.

Meu bebê recém-nascido se contorceu em meus braços porque eu me inclinei para ouvir as sábias palavras de minha nova amiga. "Nós duas vivemos e servimos pela graça de Deus. Deus lhe dá graça para aquilo que ele *lhe* deu para realizar. Eu olho para a sua vida e não posso nem imaginar. Deus é aquele que dá."

Foi como se o próprio sábio rei Salomão estivesse sentado à minha mesa de jantar. Fiquei espantada com a profundidade da verdade que havia em suas palavras. Deus é o doador não só dos dons que usamos para servir, mas também das próprias oportunidades de serviço. Essas são palavras sábias de uma mulher que já passou por muitas experiências (e continua passando). A graça transforma nossa obsessão com as nossas habilidades em uma visão centrada em Deus para o ministério, no qual percebemos que "dele, e por meio dele, e para ele são todas as coisas. A ele, pois, a glória eternamente. Amém." (Rm 11.36). Nós buscamos em Deus direção e força para servirmos sua igreja: "Pois quem é que te faz sobressair? E que tens tu que não tenhas recebido? E, se o recebeste, por que te vanglorias, como se o não tiveras recebido" (1 Co 4.7)?

UMA VISÃO PARA O SERVIÇO CRISTOCÊNTRICO

A coisa mais importante sobre a sabedoria da minha amiga é que ela aponta para a questão que está por trás da pergunta *como*. A grande pergunta que precisamos fazer quando pensamos sobre como devemos servir a igreja e usar os nossos dons é: *Quem*?

Quando se trata de servir a Deus como parte de sua igreja, um grupo de pessoas no qual "ninguém busca o seu próprio interesse, e sim o de outrem" (1 Co 10.24), precisamos pensar em primeiro lugar e acima de tudo sobre o próprio Deus. Deus é aquele que nos prepara para o serviço, oferece oportunidades para exercermos os nossos dons e estabelece a si mesmo como a fonte e o alvo do nosso trabalho. Como é que uma mulher de pastor participa nesse tipo de comunidade? Fazemos isso tendo em vista quem Deus é. Nós servimos *ao Senhor* do mesmo modo como os outros membros participam: "pela graça, mediante a fé, andando nas boas obras que Deus preparou para nós" (Ef 2.8-10).

Servimos como uma feliz testemunha do evangelho ao nosso próximo porque descansamos na salvação graciosa e soberana de Deus (At 13.48). Há uma urgência e uma profunda seriedade em nosso ministério, porque entendemos que a ira de Deus contra nós, que estamos contaminadas pelo nosso pecado, é *a* ameaça mais grave que existe, e que o inferno é horrível e real (Mt 25.46; Jo 3.36). O nosso testemunho suplicante é levado pela esperança tendo em vista a misericórdia de Deus ao satisfazer sua ira em seu Filho Unigênito, nosso substituto de bom grado (Rm 3.25-26).

Há um esforço concentrado em nosso ministério - que comunica palavras que carregam a nossa única garantia de esperança, que é o evangelho (Rm 10.13-17). Não há ministério criativo que se possa comparar ao ministério do Espírito de criar um povo para Deus por meio de sua Palavra. Nossas palavras verdadeiras estão vestidas de belos e recíprocos atos de amor e compaixão, à medida que sofremos de várias maneiras para propagar o evangelho (Mt 5.16; Gl 6.10). Esses sofrimentos leves e momentâneos variam desde dar o nosso tempo quando nos é inconveniente até dar nossas vidas quando o mundo considera que elas ainda têm algo a oferecer.

Então, em vista da misericórdia de Deus, apresentamos o nosso corpo como um sacrifício vivo, santo e agradável a Deus, que é o nosso culto racional (Rm 12.1). Isso não é uma coisa imprudente e aleatória a se fazer, por causa do baluarte de segurança prometido a nós, no qual Deus reivindicou para si pessoas de todas as tribos e nações, e essas ovelhas ouvirão a sua voz (Jo 10.16; At 18.10; Ap 5.9). E fazemos tudo isso com alegria por amor — por *amor*! Nosso serviço sacrificial só faz sentido à luz da futura graça de Deus para conosco em Cristo Jesus. Por qual outro motivo faríamos um serviço como esse se não tivéssemos um patrimônio superior e durável (Hb 10.34)? Se não acreditarmos na promessa de que um dia veremos o seu rosto e viveremos (Ap 22.4, veja também Êx 33.20; Mt 5.8; 1 Co 13.12; 1 Jo 3.3), como poderemos encarar o serviço sacrificial hoje?

Assim como outros crentes saudáveis de nossa igreja que estão crescendo, ansiamos por servir com os dons que Deus nos deu.

Temos que estar focadas e certas de que ao alcançarmos os outros em amor, é com a proclamação do Salvador crucificado e ressurreto como o cerne de nossa mensagem. Nosso objetivo principal no ministério deve ser a proclamação do evangelho, enquanto adornamos sua beleza por meio de nossas vidas, ou corremos o risco de uma inautenticidade lastimável.[1] Os cristãos, por natureza, são um povo habitado por um Espírito invencível, e ele anseia ver a igreja edificada e todos os filhos de Deus seguramente guardados em Cristo.

NOSSAS FRAQUEZAS NÃO ESTÃO NO MEIO DO CAMINHO

Em nossos esforços para aprendermos a amar a noiva de Cristo, é crucial entender e compreender, pela fé, que o poder de Cristo se aperfeiçoa na fraqueza. Temos a tendência de avaliar o nosso potencial para servir no ministério olhando para as nossas habilidades especiais, para os talentos dados por Deus, para a nossa capacidade intelectual, nosso tempo livre e até mesmo para a nossa influência na mídia social. Olhamos para essas coisas, em parte, porque elas são coisas agradáveis e boas e, em parte, porque podemos medi-las. Discernir os nossos dons e buscar maneiras de administrá-los de forma proveitosa são essenciais para o nosso serviço ao corpo. Mas não devemos nos concentrar em nossos próprios dons em nosso servir; nosso foco deve estar em Cristo. Quando o nosso foco estiver no

---

1 "A marca de autenticidade do Novo Testamento é antes de tudo a proclamação do Jesus crucificado e ressurreto como o cerne indispensável e insubstituível da mensagem cristã". Carl F. H. Henry, *God, Revelation, and Authority* (Wheaton, IL: Crossway, 1999), 4:365.

único que nos fortalece, nos capacita e nos oferece oportunidades nas quais podemos proveitosamente servir a Deus, podemos até mesmo ver a forma estratégica que Deus escolhe para alavancar as nossas *fraquezas* a fim de lhe glorificar.

Considere como a diferença entre os dons e os pontos fortes inverte totalmente a nossa perspectiva:

> Temos a tendência de pensar nos nossos pontos fortes como uma parte inerente de nossa identidade. Os pontos fortes são o nosso valor agregado; nossa vantagem competitiva. Mas os dons conotam graça. Um dom não se origina conosco. Ele é algo que recebemos de Deus e o administramos por amor a ele. Portanto os nossos dons não são a nossa identidade, e sim a nossa oferta. E já que Deus nos concedeu esses dons, ele não é obrigado a nos colocar sempre em lugares onde podemos usá-los plenamente. De fato, Deus geralmente nos coloca em posições nas quais lutamos e nos sentimos fracos, pela simples razão de que ele recebe uma glória especial ao nos mostrar sua força *por meio* das nossas fraquezas.[2]

O espinho na carne de Paulo, em 2 Coríntios 12.1-10, ensina-nos que a fraqueza não está no meio do caminho — ela é o caminho. Por causa da glória de Deus, temos uma resposta explícita e prática para a nossa fragilidade e nossos problemas: "Pelo

---

2 Jon Bloom, *"Don't Focus on Your Strengths"*. Blog *Desiring God* (2 de março de 2012), disponível em: http://www.desiringgod.org/blog/posts/dont-focus-on-your-strengths.

que sinto prazer nas fraquezas, nas injúrias, nas necessidades, nas perseguições, nas angústias, por amor de Cristo", afirma Paulo (v. 10). É claro que isso é algo mais fácil de dizer do que de fazer, mas não estamos sem ajuda e esperança em nosso esforço para valorizarmos a Cristo em nossa vida diária. Olhe para a próxima frase do versículo 10: "Porque, quando sou fraco, então, é que sou forte". Não é o seu poder, mas o poder de Cristo agindo em você.

Considere a famosa carta-oração de Paulo — Filipenses. Nessa carta, ele não escreveu (como sou tantas vezes tentada a escrever): "Queridos amigos, orem conosco para [insira as dificuldades aqui], porque talvez Deus use isso. Se o Senhor quiser. Com certeza, esperamos que sim. Cruze os dedos para isso. Amém". De forma alguma. Paulo escreveu: "Quero ainda, irmãos, cientificar-vos de que as coisas que me aconteceram têm, antes, contribuído para o progresso do evangelho" (Fp 1.12).

Será que ele realmente diz que o Deus que criou tudo do nada estava trazendo sua igreja à existência por meio de um homem que pregava o evangelho e estava em cadeias numa cela? Sim, sim, diz. E a única explicação razoável para isso é a graça espantosa e subversiva. Amigas, estaremos perdendo completamente o foco do tempo que Paulo passou na prisão se pensarmos que a forma como Deus o usou é notável, *apesar* de suas cadeias. Perderemos o ponto principal se pensarmos que é incrível que Deus use qualquer uma de nós, *apesar* de nossas fraquezas e fragilidades. Deus promete nos apoiar firmemente quando estamos fracas, por essa razão não há melhor lugar para estarmos do que exatamente no meio de qualquer fraqueza pela qual sejamos atacadas, se estivermos no meio dela em

Cristo. Esse é o tipo de sabedoria que deixa principados, potestades e poderes atordoados. "Grande é o SENHOR e mui digno de ser louvado, *temível mais que todos os deuses*" (Sl 96.4). É por isso que Paulo diz para seus amigos efésios não desanimarem por causa de seu sofrimento (Ef 3.13).

Se você está pensando o mesmo que eu neste momento, você está pensando que é bom e agradável dizer para as suas amigas não desanimarem, mas é outra coisa ser encorajada quando as circunstâncias da sua vida parecem uma panela de pressão. As fraquezas parecem negativas e, pior, elas são desagradáveis. Mesmo quando avalio o meu potencial para ser usada por Deus de acordo com medidas humanas, sabendo que isso não é tudo, pessoalmente, eu não quero ser a primeira pessoa a me oferecer para o desconforto ou para o trabalho duro. O *"e quanto a mim?"* é a batida nervosa do meu coração. Além disso, eu prefiro parecer que estou bem. Ou melhor, eu realmente prefiro estar bem. É exatamente nesse tipo de pensamento que nossa mente precisa ser renovada pela Palavra de Deus, porque nós esquecemos rapidamente que o ministério sobrenatural, guiado pela graça, envolve mais do que satisfazer às nossas expectativas e potenciais humanos.

Cristo nos prometeu que sua graça seria suficiente, e ela o é sempre — *sempre*. Tenho certeza de que você pode apontar para o seu trabalho no ministério e afirmar que Jesus sempre tem lhe dado a graça de que você precisa. Isso com certeza é verdade em relação aos nossos esforços na implantação de igrejas aqui, no deserto árabe. Gostamos de dizer aos nossos mantenedores que nos sentimos como jornalistas, apenas contando a vocês as histórias daquilo que

Deus está fazendo. Jesus merece o crédito e a glória pela edificação de sua igreja neste lugar, e nós ficamos com a alegria. Certamente, estamos acumulando dor real e até mesmo cicatrizes reais ao longo do caminho, mas nenhuma dessas coisas é digna de ser comparada com a glória a ser revelada em nós, num dia que está chegando com muita rapidez (Rm 8.18).

A graça inverte minha tímida carta de pedidos de oração a fim de ser lida desta maneira: "Amigas, orem conosco nestas dificuldades, porque Deus se revelará fiel, sem sombra de dúvida. E queremos estar prontas para louvá-lo em todas as coisas juntamente com vocês. Amém".

UM MINISTÉRIO FRACO

Nosso potencial para ministrar aos outros não é medido pelos nossos dons, mas por nosso Deus, que nos dá tudo de que precisamos para realizarmos tudo o que ele nos chama a fazer. Portanto, ministramos em nossa fraqueza, de modo que a força de Cristo seja exibida. Não somos capazes de ministrar a outras pessoas porque somos a esposa do ministro, graduadas em um seminário, ou mães, ou uma esposa, ou porque temos determinado dom espiritual. A razão pela qual podemos ministrar aos outros é porque o próprio Deus providenciou tudo por meio da obra de seu Filho em nosso favor e da aplicação pelo Espírito em nossa vida. Não temos nada de eloquente, ou sábio, ou de atencioso para aconselhar espiritualmente alguém sem a Palavra de Deus. A fonte de água viva é o próprio Cristo, e ele comprou todas as bênçãos espirituais para nós (Ef 1.3).

Você precisa de ajuda? De amizade num período solitário? De coragem para matar o pecado? De discernimento nas escolhas? Todas essas coisas são suas em Cristo Jesus, e ele supre amplamente tudo aquilo de que necessita. A Palavra de Deus nos leva a orar à medida que vemos que ele é aquele que tem sabedoria, e ele a dará generosamente a quem pedir (Tg 1.5).

Uma das principais maneiras de ministrar na fraqueza é por meio da oração. A oração é uma expressão da nossa dependência de Deus para tudo, dizendo a nós, a ele e a todos os demais que não somos suficientes em nós mesmas. Mantenha uma lista de membros de sua igreja próximo a você, para que possa se lembrar de orar por seus irmãos e irmãs.

Abençoe os presbíteros e líderes de sua igreja, orando por eles regularmente. Em vez de estar preocupada com possíveis políticas relacionais, ore. Em vez de imaginar os problemas que influenciarão o seu marido de modo a ficar ansiosa por causa deles, ore. Em vez de invejar e ficar reclamando de todo o trabalho que seu marido deve fazer, ore para que Deus levante mais homens piedosos que aspirem ser presbíteros e diáconos para compartilharem essa tarefa nobre (1 Tm 3.1). Os presbíteros, assim como o seu próprio marido, são todos pecadores que necessitam de um Salvador. Ore para que eles façam disto o objetivo de tudo o que realizam: "o amor que procede de coração puro, e de consciência boa, e de fé sem hipocrisia" (1 Tm 1.5). Ore para que os presbíteros persistam em ter cuidado de si mesmos e da doutrina (1 Tm 4.16). Ore para que como um grupo de irmãos unidos em Cristo, os presbíteros possam juntos amar a vinda do Senhor Jesus e estar ansiosos para o dia em que o reto juiz os recompensará (2 Tm 4.8). Ore para que Deus lhes dê a graça da qual necessitam para manterem o curso e alcançarem o céu, sem se desviarem da doutrina fiel, e para evitarem naufragar na fé (1 Tm 1.6, 19). Ore para que eles aguardem ansiosos para prestar contas a Jesus do rebanho que eles pastoreiam (Hb 13.17). E, finalmente, agradeça ao Senhor pelo dom de pastores e mestres. Jesus planejou intencionalmente sua igreja dessa maneira, dando o dom de líderes piedosos para pastorear seu povo (Ef 4.11).

UNS AOS OUTROS EM FRAQUEZA

Embora você possa estar ou sentir-se fraca, a presença prometida da habitação do Espírito Santo de Deus em você significa que a sua contribuição para a comunhão é de profundo valor para os outros. Essa é a história que contamos ao estar na presença de uma irmã querida que está lutando com uma dificuldade específica, e partimos sendo abençoadas por ela, quando pensávamos que nós seríamos aquelas que a abençoariam. Não ousamos subestimar a importância do fato de que *o Espírito de Deus* nos leva pessoalmente a amar os nossos irmãos e irmãs. Você tem falta de orientação ou direção em seu serviço? Ore e peça ao Senhor para guiá-la, e busque sua vontade revelada em sua Palavra. Nós recebemos sabedoria para o serviço ao Senhor pelo próprio sopro de Deus, que é a sua Palavra escrita. O *uns aos outros* das Escrituras nos dão um ótimo ponto para começar quando estivermos paradas, com dons em nossas mãos, sem ter a certeza de como compartilhá-los. Aqui estão apenas alguns exemplos:

Novo mandamento vos dou: que vos ameis uns aos outros; assim como eu vos amei, que também vos ameis uns aos outros.
(Jo 13.34)

Amai-vos cordialmente uns aos outros com amor fraternal, preferindo-vos em honra uns aos outros.
(Rm 12.10)

Portanto, acolhei-vos uns aos outros, como também Cristo nos acolheu para a glória de Deus.
(Rm 15.7)

Quanto ao mais, irmãos, adeus! Aperfeiçoai-vos, consolai-vos, sede do mesmo parecer, vivei em paz; e o Deus de amor e de paz estará convosco.
(2 Co 13.11)

Porque vós, irmãos, fostes chamados à liberdade; porém não useis da liberdade para dar ocasião à carne; sede, antes, servos uns dos outros, pelo amor.
(Gl 5.13)

Levai as cargas uns dos outros e, assim, cumprireis a lei de Cristo.
(Gl 6.2)

Exortai-vos mutuamente cada dia, durante o tempo que se chama Hoje, a fim de que nenhum de vós seja endurecido pelo engano do pecado.
(Hb 3.13)

Deus designou o nosso serviço de edificação do corpo para ser algo estratégico na propagação do seu reino. O nosso amor uns pelos outros diz coisas sobre quem Jesus é, e não poderemos testemunhar ao mundo incrédulo sobre a nossa unidade amorosa a menos que existam outras pessoas a quem estejamos unidos no amor fraternal. Em nossos esforços para servirmos uns aos outros no corpo de Cristo, somos lembradas de que *todas nós* somos dependentes de Cristo, que é o nosso cabeça, para tudo aquilo de que precisamos. Enquanto nos servem a Ceia do Senhor, recebemos uma forma tangível de provar que o corpo e o sangue de Cristo foram "oferecidos por vós [plural]" (Lc 22.19). A ele seja a glória na igreja para sempre. Habitados pelo Espírito de Deus, cada um de nós (com nossas fraquezas e tudo) se torna as mãos e os pés do próprio Cristo, para o louvor da sua glória no universo.

Deus usa as coisas fracas para envergonhar as fortes e para nos humilhar, "a fim de que ninguém se vanglorie na presença de Deus" (1 Co 1.29). Quando pensamos a respeito das implicações da forma como Deus age, percebemos que isso é o que realmente queremos. Nós apenas *achamos* que queremos chegar ao final de um longo dia de ministério e dizer: "Eu o expus completamente! Bate aqui na minha mão, Jesus! Obrigada por ser esse grande líder de torcida". Mas é claro que não é isso o que realmente queremos. O que realmente queremos é depender humildemente de nosso Pai amoroso, que ordena todas as coisas; entregar conscientemente os nossos fardos para Jesus e andar pela fé à medida que o Espírito nos guia. Não queremos olhar para nós mesmas; queremos olhar para a Palavra de Deus, onde o Espírito de Deus soprou encorajamento a nós — promessas nas quais nos agarramos enquanto procuramos servir os outros.

Diante das críticas de pessoas que achávamos que eram amigas, no meio de um cronograma de 24 horas, sete dias por semana, com muito trabalho deixado por fazer, na difícil estrada de sofrimento, obscuridade, mal-entendidos ou incerteza nas decisões, queremos a força de Cristo. Queremos nos gloriar em nossas fraquezas, para que Cristo receba a glória por todos os nossos esforços movidos pela graça para amarmos os outros (2 Co 12.9). Queremos dizer com o apóstolo Paulo: "Mas, pela graça de Deus, sou o que sou; e a sua graça, que me foi concedida, não se tornou vã; antes, trabalhei muito mais do que todos eles; todavia, não eu, mas a graça de Deus comigo" (1 Co 15.10). Queremos adorar com o salmista: "Ainda que a minha carne e o meu coração desfaleçam, Deus é a fortaleza do meu coração e a minha herança para sempre" (Sl 73.26). Queremos viver como servas invencíveis de Deus, sob o seu cuidado amoroso, comissionadas para sair pelo mundo e servir como suas mãos e pés, por tantos dias quantos ele tenha ordenado, na força que ele supre.

Conclusão
Eis aí o Noivo!

No início deste livro, eu perguntei: "Qual coração finito poderia controlar todas essas coisas?". De fato, o nosso coração não pode controlar essas coisas, mas Jesus pode, e ele o faz, e ele fortalece o nosso coração através de sua graça.

Um dos meus hinos preferidos é *"The Sands of Time Are Sinking"* [O Tempo Está Passando], de Anne Cousin. Ela escreveu essa bela canção há mais de 150 anos. Sua caneta registrou esta linha que vem à minha mente muitas vezes: "Os olhos da noiva não estão em seu vestido, mas sim no rosto de seu querido noivo". Isso não é mesmo verdadeiro? Quando você está se preparando para o seu casamento, é tão fácil ficar envolvida com os detalhes, principalmente com os de seu vestido. Temos grande preocupação e cuidado com o nosso vestido de casamento, não é? Cada detalhe deve estar perfeito. Mas a igreja é a única noiva que não tem de se preocupar com o que vai vestir. A nossa veste nupcial foi providenciada para nós pelo próprio noivo; foi-nos concedido sermos adornadas com a justiça dada a nós por Jesus.

A canção de Anne fala sobre valorizar a presença do próprio Cristo, que deve ser apreciado acima de todas as suas bênçãos. Na verdade, cada uma de nós foi dotada para servir como parte da noiva de Cristo, a igreja. Mas não estamos obcecadas com as coisas de Jesus, e sim com o próprio Jesus. Visto que ansiamos pelo nosso noivo celestial, não ficamos no altar admirando o laço de nosso vestido de casamento; observamos as portas com grande expectativa pela chegada de Jesus.

A vida que vivemos enquanto esperamos a volta de Cristo deve ser marcada pelo amor *distintamente cristão*. Em João 13.34, Jesus nos deu um novo mandamento: "Novo mandamento vos dou: que vos ameis uns aos outros; assim como eu vos amei, que também vos ameis uns aos outros". É novo por causa do que Deus havia ordenado anteriormente em Levítico 19.18: "Não te vingarás, nem guardarás ira contra os filhos do teu povo; mas amarás o teu próximo como a ti mesmo. Eu sou o SENHOR". Como é esse amor distintamente cristão pelos outros? Jesus se concentra naquilo que torna o ministério cristão distintamente cristão — amamos os outros *como ele nos ama*. Em João 15.9-14, Jesus expande o que ele quer dizer:

> Como o Pai me amou, também eu vos amei; permanecei no meu amor. Se guardardes os meus mandamentos, permanecereis no meu amor; assim como também eu tenho guardado os mandamentos de meu Pai e no seu amor per-

maneço. Tenho-vos dito estas coisas para que o meu gozo esteja em vós, e o vosso gozo seja completo. O meu mandamento é este: que vos ameis uns aos outros, assim como eu vos amei. Ninguém tem maior amor do que este: de dar alguém a própria vida em favor dos seus amigos. Vós sois meus amigos, se fazeis o que eu vos mando.

O apóstolo João também nos lembra disso: "Porque a mensagem que ouvistes desde o princípio é esta: que nos amemos uns aos outros" (1 Jo 3.11). E, novamente, ele nos lembra: "E agora, senhora, peço-te, não como se escrevesse mandamento novo, senão o que tivemos desde o princípio: que nos amemos uns aos outros" (2 Jo 5).

Somente a fortalecedora graça de Jesus nos capacita a amar da forma como Jesus ama. O ministério exigirá muito de seu marido, de você e de sua família. As circunstâncias, os incidentes, as situações e as pessoas envolvidas nelas poderão exigir coisas que você não tem e não pode dar, o que é de se esperar. E o Senhor da glória age dessa maneira propositadamente. Não há qualquer altruísmo que honre a Deus que você possa realizar à parte de Jesus. A vida que o nosso Pai celestial amoroso ordenou para você virá junto com propósitos divinos que esperam muito de você, mas nunca, nunca, *nunca* além daquilo que Deus pode suprir. Às vezes, a provisão de Deus vem na forma de aprender a dizer (ou *precisar* dizer claramente) não às oportunidades. Outras vezes, ele prove enviando trabalhadores para a seara, para compartilhar a colheita com você. No final do dia, a questão não é tanto *a maneira como* Deus prove, mas o fato de que *Deus é* aquele que prove.

As esposas de ministros em todo o mundo, independentemente das expectativas sob as quais vivem ou que incorporam, podem olhar adiante, com grande esperança para uma expectativa que temos certeza de que será satisfeita. No final de nossos dias, ficaremos surpresas e muito felizes ao vermos como o nosso Supremo Pastor realizou esta grandiosa festa da graça:

> Depois destas coisas, ouvi no
> céu uma como grande voz de
> numerosa multidão, dizendo:
> Aleluia!
> A salvação, e a glória, e o poder
>   são do nosso Deus,
> porquanto verdadeiros e justos
>   são os seus juízos,
> pois julgou a grande meretriz
> que corrompia a terra
>   com a sua prostituição
> e das mãos dela vingou o sangue
>   dos seus servos.
> Segunda vez disseram:
>   Aleluia!
>   E a sua fumaça sobe pelos
>   séculos dos séculos.
> Os vinte e quatro anciãos e os quatro
> seres viventes prostraram-se e adoraram
> a Deus, que se acha sentado no
> trono, dizendo: Amém! Aleluia!

Saiu uma voz do trono, exclamando:
> Dai louvores ao nosso Deus,
> todos os seus servos,
> os que o temeis,
> os pequenos e os grandes.

Então, ouvi uma como voz de numerosa multidão, como de muitas águas e como de fortes trovões, dizendo:
> Aleluia!
> Pois reina o Senhor,
> nosso Deus, o Todo-Poderoso.
> Alegremo-nos, exultemos
> e demos-lhe a glória,
> porque são chegadas as bodas
>> do Cordeiro,
>
> cuja esposa a si mesma
>> já se ataviou,

pois lhe foi dado vestir-se de linho finíssimo,
> resplandecente e puro.

Porque o linho finíssimo são os atos de justiça dos santos.

Então, me falou o anjo: Escreve: Bem-aventurados aqueles que são chamados à ceia das bodas do Cordeiro. E acrescentou: São estas as verdadeiras palavras de Deus.

(Ap 19.1-9)

Nós, as que somos convidadas para essa festa, fomos, pela graça, transformadas em amigas convidadas, junto com todos os nossos irmãos e irmãs, até que todas as ovelhas perdidas sejam reunidas sob nosso único Supremo Pastor.

FIEL
MINISTÉRIO

O Ministério Fiel visa apoiar a igreja de Deus, fornecendo conteúdo fiel às Escrituras através de conferências, cursos teológicos, literatura, Ministério Apoie um Pastor e conteúdo online gratuito.

Disponibilizamos em nosso site centenas de recursos, como vídeos de pregações e conferências, artigos, e-books, audiolivros, blog e muito mais. Lá também é possível assinar nosso informativo e se tornar parte da comunidade Fiel, recebendo acesso a esses e outros materiais, além de promoções exclusivas.

Visite nosso site

www.ministeriofiel.com.br

Impressão e Acabamento | Gráfica Viena
Todo papel desta obra possui certificação FSC® do fabricante.
Produzido conforme melhores práticas de gestão ambiental (ISO 14001)
www.graficaviena.com.br